U0347274

陈春花——著

第2版

经营的
本质

THE
ESSENCE
OF
BUSINESS
OPERATIONS

机械工业出版社
CHINA MACHINE PRESS

图书在版编目（CIP）数据

经营的本质 / 陈春花著 . —2 版 . —北京：机械工业出版社，2024.3
ISBN 978-7-111-75208-0

I. ①经… II. ①陈… III. ①企业经营管理 IV. ① F272.3

中国国家版本馆 CIP 数据核字（2024）第 043320 号

机械工业出版社（北京市百万庄大街 22 号　邮政编码 100037）
策划编辑：白　婕　　　　　责任编辑：白　婕　张　昕
责任校对：龚思文　张　薇　　责任印制：刘　媛
涿州市京南印刷厂印刷
2024 年 5 月第 2 版第 1 次印刷
147mm×210mm · 11.25 印张 · 3 插页 · 176 千字
标准书号：ISBN 978-7-111-75208-0
定价：89.00 元

电话服务　　　　　　　　　　网络服务
客服电话：010-88361066　　机 工 官 网：www.cmpbook.com
　　　　　010-88379833　　机 工 官 博：weibo.com/cmp1952
　　　　　010-68326294　　金 书 网：www.golden-book.com
封底无防伪标均为盗版　机工教育服务网：www.cmpedu.com

回归经营的本质

2009 年，为了梳理管理的基本问题，我写了《管理的常识》，该书于 2010 年出版。图书出版后，很多读者问我，是否可以对经营的基本问题进行梳理，这引发了我写作本书的欲望。机械工业出版社的编辑团队也专门和我沟通，建议我写一本关于经营常识的书，我也觉得有必要做这样的梳理，以帮助大家纠正一些经营上的认知偏差。

在与中国企业共同成长的 30 多年里，我为国内大大小小各类公司的董事会和 CEO 提供咨询服务，也曾有幸直接承担 CEO 的职责。这些深入的交流以及完整的绩效担当经历让我注意到，优秀的企业家和经理人总能帮助企业实现年复一年的盈利和成长。他们能够透过错综复杂的商业现象和盘根错节的市场脉络，找到企业经营的基本要素，让企业的每个成员都理解这些基本要素，使所有人的行动都与这些基本要素息息相关，从而将其落实到企业的经营行动中。员工们因此获得了最大的成就感和满足感，而企业也能获得盈利性的成长。正因为如此，无论顺境还是逆境，优秀的企业家和经理人总能带领企业自如地超越。

30多年的观察、研究和实践，让我深深地了解到：成功的企业向来都关注那些最基本的要素，向来都回归到最基本的层面上做努力，这正是它们取得成功的秘诀。这一秘诀让我关注到对规律的认知，也就是对有关"经营的本质"的判断与行动。

那么，这些基本要素到底是什么？怎样才能帮助企业实现有价值的增长？尤其是在一个不确定的、不再提供增长的环境中，如何才能使企业不受环境的约束，实现自身的成长？这些都是我所关注和需要面对的问题。

静下心来思考，经营并不像我们感受到的那样复杂。经营的基本要素只有四个：顾客价值、成本、规模、盈利。所有对于战略、营销、产品、服务、价值链、品牌的本质的认识，都基于对这四个基本要素的理解。每个管理者都可以掌握这四个基本要素，并且培养自己基于这些要素做出选择和判断的思维习惯。我想告诉读者的是：企业经营活动遵循着自己的本质规律，只要掌握了这些规律，你就掌握了面对不确定性成竹在胸的能力。

本书是我一贯思考的延续。《领先之道》《回归营销基本层面》《超越竞争》《中国企业的下一个机会》《冬天的作为》[⊖]这一系列专著都力图解决中国企业如何成长的问题。从 1992 年至今，我持续关注中国企业在不断变化的市场环境中所面对的问题，希望能够为企业找到一条可持续发展的道路，回归经营的本质是今天不得不做出的选择和调整，本书对这些本质进行了总结。

《经营的本质》第 1 版出版于 2013 年，后来在读者和编辑的指引下进行了几次修订，得到了进一步完善。这具体表现在两个方面：一是更新或补充了许多案例，帮助读者更深入地理解书中所总结的基本要素和概念本质；二是增加了一定的逻辑梳理和理论基础，帮助读者更清晰地了解要素间的内在关联，以及一些概念的来龙去脉。

本书为第 2 版，各章的主要内容和完善之处如下。

第 1 章：经营的基本要素。本章按照顺序逐一总结了经营的四个基本要素，在修订时进一步阐明了四个要素的逻辑关系，并为每个要素都补充了详细的案例解释。需要提醒读者的是，顾客价值是第一位的，并且是经营以及本书所有内容的根基，而另外几个要素的限定词也需要尤为注意，比如成本前面的"合理"、规模前面的"有效"、盈利前面的"人性关怀"，它们体现了这些基本要素的特征。经营的四个基本要素代表着企业的经营哲学或方法论，指

⊖ 以上图书已由机械工业出版社出版。

引着企业经营活动的方方面面。

第2章：战略的本质。企业经营需要有明确的战略选择与行动支撑，只有这样才能达成经营目标。本章从企业常见的战略问题出发，引出对战略的本质的思考。为了支撑战略的落地，本章在修订时加强了对"战略的执行"这一部分的论述。

第3章：营销的本质。我把营销放在产品之前有特别的用意，是想表达营销不是"销售"，今天已经是"顾客时代"，我们需要尊重顾客。营销的本质在于理解消费者，这是本章聚焦的内容。本章在修订时用案例对"文化营销"的部分进行了完善，旨在启发中国企业从文化的角度探寻有意义的发展方向。当然，营销还必须拿出实实在在的东西，由此有了后面对产品和服务的论述。

第4章：产品的本质。产品是企业与顾客交流的平台，本章用诸多案例呈现了产品的力量。当然，这些产品必须有明确的意图和承载的精神，如此才能真正有力。这也是经营要重视顾客价值和营销的原因，产品因它们而拥有生命力。

第5章：服务的本质。本书把服务和产品放在并列的位置，已经显示出服务的价值——服务并非产品的附庸，其本身就可以创造巨大的价值。换句话说，服务也可以是企业经营或业务的重点，这正是当前一些企业转型或发展的方向。但我们必须拿出真正的服务心态，为顾客创造惊喜，这才是服务的真谛。

第6章：价值链的本质。价值链是产品与服务交付的保障体系。竞争是价值链之间的竞争，这在今天已经成为共识。本章用诸多案例呈现了价值链成员之间的彼此依赖与价值共创，本章在修订时特别加强了对"协作效应"的案例解释。

第7章：品牌的本质。构建品牌是很多企业的愿望，但我们要理性地认识到差距，并真正回归顾客价值来一步步构建品牌。今天消费者更真实的消费特征为我们提供了品牌机遇，而一部分企业已经开始了有效的探索。这些内容都在修订时得到了完善。

本书的观点来源于我对那些中国最成功企业之思考和对其行动的长期不懈的观察。在本书中，读者将会看到这些成功企业运用经营的本质展开行动并取得成功的过程。所以，我非常感谢美的、新希望六和、海尔、TCL、腾讯、京东、小米、格力电器、李宁、安踏、波司登等优秀的中国企业。这些成功企业非常了解自己的顾客，也清晰地理解成本、规模与盈利的结构，它们所采取的行动和选择，人人都可以运用。

我深信，在不断变化的环境中，企业需要回归顾客层面做全面的改变和调整，而改变的方法就是回归经营的本质去思考和行动，本书体现的正是这个观点。我非常期待看到本书的每位读者，能够先抛开自己的经营经验。虽然这些经验曾经帮助你获得过成功，未来也可能会帮助你成功，但抓住过去不放，不能帮助你锻炼自己的思维和提高自己的能力，也不能帮助你更好地应对不断涌现的新变化。而当你学会回归经营的本质去思考和行动时，你会减少很多不必要的浪费，会看到一切努力都富有成效。更重要的是，你会更有激情，因为你能看到你投入的资源和努力都在帮助企业成长，而你自己的能力也在大大提升。

最后，我要转述一位学生讲过的一个关于皮鞋的小故事。

很久很久以前，在人类还赤着双脚走路时，有一位国王到某个偏远的乡村旅行，因为路面崎岖不平，路上有很多碎石头，他的脚被刺得又痛又麻。回到王宫后，他下了一道命令——把国内所有道路都铺上牛皮。他认为这样做，不只是为了自己，还是在造福他的人民，让大家走路时不再受刺痛之苦。但是，即使杀尽国内所有的牛，也筹措不到足够的牛皮，而为此花费的金钱、动用的人力，不可计数。大家都知道这个命令相当愚蠢，根本完成不了，但因为是国王的命令，也只能摇头叹息。这时，一位聪明的仆人向国王大胆建言："国王啊！为什么您要兴师动众，牺牲那么多头牛，花费那么多金钱呢？您何不用两小片牛皮包住您的脚呢?"国王听了很惊讶，但也当下领悟，于是立刻收回成命，采纳了这个建议。据说，这就是"皮鞋"的由来。

这个小故事体现的道理正是我想表达的观点。过去40多年中国经济的快速增长，的确造就了一大批非常成功的企业和企业管理者，但这并不能说明这些企业和企业管理者在未来也一定能获得成功，尤其是当他们过去的成功并不是来源于最基本的经营要素，而是来源于资源的增加和外部增长环境时。事实上，未来属于那些能赶在变化之前做出准确判断，并围绕着经营的基本要素做出改变的人。如果一个人固守自己的核心优势，不愿创新，他就会被市场抛弃，这也是我在本书结语中特别强调的内容。创新已经是一种必备的基本能力，创新需要体现在每一个行动中，如果不能创造性地理解经营的本质，就无法真正实现经营。

目录 ▶ CONTENTS

序言

01

第 1 章

经营的基本要素

"经营"是在日常运营中被反复提及的词，但是，人们对经营的理解却千差万别。我对经营的理解是和对经济的理解分不开的。多年前，我在看一个文学家写的随笔时，读到一句话：如果学习经济学，一定会满含眼泪，因为这是一门悲哀的学问。我第一次看到这句话的时候，搞不懂为什么学习经济学会有这样的情绪，当时我简单地认为这是文学家的渲染。随着对经济学理解的深入，我开始明白这句话的深刻含义。

　　格里高利·曼昆（Gregory Mankiw）在给哈佛大学一年级新生讲授经济学课程时说，经济学课程的目的是理解人类居住的这个世界，而不是倡导某个特定的政策立场。⊖

　　⊖ 陈晋. 哈佛笔记：曼昆的经济学第一课［EB/OL］.（2007-11-10）. http://culture.caixin.com/2007-11-10/100053415.html.

借助曼昆对经济学的理解，我明白了为什么经济学如此悲哀，因为"经济"就是用有限的资源去满足人们无限的需求，这是经济学本身根本无法完成的任务。经营与经济最大的差异在于：经营是用有限的资源，创造尽可能大的附加价值，再用附加价值来满足人们无限的需求。换个角度来看，较之经济，经营会创造出更大的价值，而两者所使用的资源是一样的。自从我如此理解经营的含义后，无论是讲授管理学课程，还是作为一个管理者，我都要求自己牢记"创造价值的经营理念"，要求自己无论怎样关注管理，都必须在"经营理念"下发挥管理的作用。

中国企业在经历了 40 多年的发展后，已经具备了一定的基础和实力。随着环境以及竞争特性的改变，企业如何经营才能适应当下这个不断变化的市场？企业管理者如何才能避免让企业陷入危险的境地？这些成为企业管理者需要解决的关键问题。很多企业热衷于追逐最新的管理工具，我曾经访问过的企业都不同程度地使用过战略规划、标杆学习、企业文化、流程再造、目标管理、平衡计分卡、绩效考核、六西格玛以及 OKR 等工具，平均每个企业使用过 16 种管理工具。管理学者也热衷于不断推介新的管理理论。但对于哪些管理理论和管理工具符合企业的需求，不少企业感到困惑。

其实，大家常常忘了一个简单的事实：企业并不是新理论和新工具的实验场。企业需要的不是令人眼前一亮的新管理理论和新管理工具，而是实实在在的经营成果。不回归经营的本质，单纯追求新颖时髦的管理理论和管理工具，不过是舍本逐末。因为这些管理工具如果不能帮助企业提升经营质量、获得经营成果，就无法真正产生价值，仅仅是工具而已。人们应该关心的是如何围绕经营的基本要素来开展工作，而不是单纯地追求管理本身的效果。管理者离开经营的基本要素所做的一切努力都可能是无效的。

经营的目标就是获得顾客的认同和市场的回馈，就是要取得经营成果，取得投入产出的有效性，这是经营如此重要的原因。因此，为了实现经营目标，我们需要界定经营的基本要素是什么。

我认为经营的基本要素有四个：顾客价值、成本、规模、盈利。一家企业的经营成果，用销售收入和利润来衡量，分别体现了企业的规模和盈利状况。而销售收入源于为顾客创造价值，利润由收入扣除成本得到。顾客价值是企业经营的出发点和落脚点。为创造顾客价值，企业需要投入资源，也就是付出成本。如果成本过高，超出了顾客的支付能力，他们就会放弃企业的产品，而企业也将因为亏损而无法持续发展。保持合理的成本，需要利用规模效应。因此，经营的本质就是为顾客创造价值，以有竞争力的合理成本、有效的规模，获得深具人性关怀的盈利。

顾客价值

顾客价值是经营最关键的基本要素。真正影响企业持续成功的不是企业的策略与目标，不是技术，不是资金，也不是流程，而是专注地为顾客创造价值的力量。彼得·德鲁克（Peter Drucker）在《管理的实践》中说"企业的目的就是创造顾客"[⊖]。这个观点让我们知道，从本质上讲，经营其实是创造顾客价值，这才是经营企业的目的。

早期在管理研究领域，旗帜鲜明地提出"以顾客为中心"的观点并将其明确写出来的人并不多。除了于 1956 年提出企业的目的是"创造顾客"的德鲁克外，还有一个具有代表性的人物是西奥多·莱维特（Theodore Levitt），他于 1960 年在《营销短视症》一文中提醒人们要透视顾客的

⊖ 德鲁克. 管理的实践［M］. 齐若兰，译. 北京：机械工业出版社，2008.

本质需要[⊖]。虽然在更早的微观经济学中"顾客"的概念就已出现，但是，经济学并没有完全站在顾客一端，而是强调供需双方的关系。经济学出身的莱维特突破了这个传统。

当然，更关键的是，讲是一回事，别人到底听不听、做不做又是另一回事了。威廉·戴明（William Deming）在美国讲质量管理时很少有人听，因为当时的美国企业还没有迎来真正的挑战，反而在第二次世界大战（以下简称"二战"）后渴求复苏的日本有很多人听。日本科学技术联盟还特意邀请他为日本企业的成长提供辅导，所以他1950年才会到日本讲学。1985年，当年与戴明同在这个联盟的石川馨（Ishikawa Kaoru）全面复盘和总结了日本过去的成功模式，凝结成《何为全面质量管理：日本模式》[⊖]，由此有了"日本式管理"。石川馨是质量管理的集大成者，这种集大成让他的理解更加"全面"，这两个字正是"全面质量管理"有别于传统质量管理的关键。一方面，全面质量管理是以顾客为中心的，这是质量的前提，所以，质量不是由企业自己决定的，而是由顾客说了算的。另一方面，质

⊖ Levitt T. Marketing myopia [J]. Harvard business review, 1960, 38(4): 45-56.

⊖ 沃纳. 管理思想全书［M］. 韦福祥，译. 北京：人民邮电出版社，2009.

量并不只是产品质量，还包含每一个人的工作质量。我们会发现，随着顾客越来越重要，质量管理也在发生变化，不再只是关注产品质量，而是上升为把顾客价值也纳入进来的全面质量管理。

理解顾客价值

　　什么是顾客价值呢？"顾客价值"这个概念一直是管理学界争论的热点，人们希望得到对这个概念的清晰解释，我也竭力想搞清楚如何描述这个概念，但是，后来的实践让我放弃了这种努力。我发现，"顾客价值"不是一个概念，而是一种战略思维，是一种准则，这种思维和准则用另外一个方式来表述就是"以顾客为中心"。"以顾客为中心"的思维方式涵盖着下述思考。

- 顾客的需求和偏好是什么？
- 何种方式可以满足这种需求和偏好？
- 最适合这种方式的产品和服务是什么？
- 提供这些产品和服务的投入要素是什么？
- 使用这些投入要素的关键资产和核心能力是什么？

　　一家能够创造顾客价值的企业应该基于现代价值链进

行思考，一切以顾客为起点，为顾客创造价值，由顾客的需求和偏好决定企业的产品和服务努力的方向，由产品和服务的价值引导要素的投入，最后获得公司的关键资产和核心能力。这样的企业才是拥有市场能力并能持续成长的企业。

2014 年，微信估值 640 亿美元，《财经》杂志以"走出孤独"[⊖]为题报道了"微信之父"张小龙，并采访了 1998 年就和张小龙相识的周鸿祎。作为技术人员，张小龙曾经开发出 Foxmail，并以 1200 万元出售。针对当年的 Foxmail，周鸿祎说他经常批驳张小龙：Foxmail 是没有商业模式的，要加广告，要盈利。但张小龙说，只要有用户、有情怀就好了。两个人每次争论都以张小龙长时间的沉默结束。2005 年出售 Foxmail 时，张小龙写信纪念这个产品，"从灵魂到外表，我能数出它的每一个细节、每一个典故。在我的心中，它是有灵魂的，因为它的每一段代码，都有我那一刻塑造它时的意识"。这个有情怀的技术人员最终和 Foxmail 一起被交易到腾讯，并创造出了取得巨大商业成功的微信。

⊖ 宋玮. 3.0 版张小龙：走出孤独［EB/OL］.（2014-08-27）. https://mp.weixin.qq.com/s/5mUMnCVdvq4ElSP3MwG3yA.

面对微信的成功，周鸿祎曾经也很疑惑：这样的一个人怎么就做出了微信呢？答案正是张小龙曾经说过的"有用户、有情怀"。谈商业没有问题，但商业中必须要有用户，用张小龙的话说，这是一种情怀。如果只谈商业本身，就会远离用户，商业不会持久，也不会创造出巨大的成就。张小龙没有以商业化为目标，而是始终围绕用户开展工作。他在 2012 年提出微信是一种生活方式，尽管当时连很多腾讯人都觉得有些不可理解，但事实证明张小龙真正参透了商业的本质。

当然，其中还有一个不容忽视的关键，就是马化腾对张小龙不让微信过快商业化的支持。2012 年，因为微信商业化过慢，腾讯生活电商事业部总经理戴志康和张小龙产生了分歧，结果是戴志康离职。马化腾把商业化的权力最终赋予了张小龙，由他来把控微信商业化的节奏。这一点至关重要，也充分体现了马化腾不但有商业眼光，更坚持顾客立场，这是腾讯取得成就的根本。

所以，顾客价值其实是一种信仰，是一个决策准则。

关注对手而非顾客，是常见的误区

2010 年 11 月，腾讯与 360 的争端一度到了水火不容的地步，凸显了互联网企业追逐利益的一面。而网民则用

"我们刚刚做出了一个非常艰难的决定"⊖这句话作为开头掀起了造句热潮，以此表达内心的不满和愤怒。2010 年 11 月 4 日，腾讯控股的股价下跌 3.1%。4399 董事长、天使投资人蔡文胜表示，感谢 QQ、360 和腾讯微博，让人们看到一场如此残酷、诡异又波折的互联网大战，虽然主角只有两个，配角却是所有互联网公司，而广大网民才是真正的参与者和最后的仲裁者。⊖

的确，这是一场多输的网络大战，只是不知道两位主角为什么把冲突强加到用户身上，不知这两家企业是否认识到：伤害顾客价值的选择一定会使自己失去顾客，从而失去存在的价值。

时隔多年，今天我们再来看这两家企业，会发现它们都比当年更加成熟了。这种成熟来源于它们不再过度关注对手，而是更专注于自己应该做的事情，把注意力更多地放在了顾客身上。

腾讯有了更开放的心态，没有固守 QQ，于是有了微

⊖ 这句话是腾讯决定放弃用户（在装有 360 软件的电脑上停止运行 QQ 软件）来回应 360 时所采用的说辞。
⊖ 孙进. 腾讯 360 之战扩大化：谁在霸权？［EB/OL］.（2010-11-05）. http://tech.china.com/zh_cn/news/net/domestic/11066127/20101105/16228340.html.

信的诞生和成长。从中我们也会看到，进步的力量是不可阻挡的，就像 QQ 阻挡不了微信的成长。这不是因为两者都隶属于腾讯，而是由微信的用户所决定的。2013 年，面对微信的崛起，马化腾感慨如果微信不是腾讯做的，那么腾讯已经不存在了[⊖]，原因正在于此。这就是腾讯聚焦用户所获得的自我进步。

360 也变了。2018 年鲁豫在《鲁豫有约大咖一日行》访谈周鸿祎时谈到了如何面对巨头以及他的风格问题，周鸿祎辩驳称自己这几年已经变得温和了很多，同时，他还反思了自己过去的一些所作所为，认为大家"打起仗"来其他事都抛在脑后了，眼里只有竞争对手，就会做出伤害用户体验的事。这种认知体现了 360 的重要进步。

关注对手而非顾客，这的确是经营方面的常见误区。而从关注对手到聚焦顾客，从好战到追求自我进步，正是企业从年轻步入成熟，实现持续成长的关键转折。

打破与顾客的边界

苹果、谷歌、微软、丰田、IBM 等世界知名品牌有一

⊖ 创业邦. 马化腾：微信不是腾讯做的我们就完了［EB/OL］.（2013-11-18）. https://m.huanqiu.com/article/9CaKrnJDbQ0.

个共同特点：每个品牌都是人们生活的一部分。无论你生活在什么地方，无论你使用什么语言，无论你习惯于什么样的文化，这些品牌都不会让你产生使用障碍。换句话说，这些企业已经和顾客实现无边界融合。

企业需要打破与顾客之间的边界，与顾客融合在一起。我常常惊讶于每一批新兴企业的快速成长，百度、阿里巴巴、携程、腾讯等企业为什么能获得生存空间并迅速崛起？原因正在于它们发现了顾客的需求，并有能力以最快捷的方式满足顾客的需求，让企业与顾客的生活融合在一起。

在传统观念中，顾客是企业所提供的产品的被动需求目标。顾客犹如企业的猎物，而销售人员就像是猎人。这样的关系导致企业不断推出新产品，销售人员不断寻找顾客，形成了恶性循环。顾客和企业站在对立的立场上，企业无法持续生存，顾客也厌倦了产品和企业。

而当顾客能全程参与价值链的所有环节时，顾客和企业之间的关系就转变为相互依存。顾客能够根据自己的观点和需求，来指导企业为他们创造价值，从而达到资源的合理有效利用。通过与顾客之间的共同创造，企业也能更充分地理解顾客需求及消费趋势的变化。

看看通用电气（GE）的案例。20 世纪八九十年代杰克·韦尔奇（Jack Welch）执掌 GE 时做的一个重要突破是让 GE 无边界[⊖]，这里的"无边界"一方面是指打破组织内部的边界，让组织内部通力合作，另一方面也是更重要的一方面是指让组织与顾客无边界，这是非常前卫的管理思想，和德鲁克主张的"管理不只是内部管理，成果只存在于外部"的管理新范式如出一辙。今天的 GE 仍在持续地把这种思想转化为创新的实践。

2015 年，《哈佛商业评论》中文版采访了时任 GE 全球高级副总裁、GE 大中华区总裁段小缨，并将其口述的内容以"GE 创新关键 3 法则"为题发表于 9 月刊[⊖]。文中明确指出 GE 在创新上采取的新模式是"协同创新"，并指出顾客参与是其显著特征，"协同创新是把顾客纳入创新过程，让顾客参与我们的创新"。在过去几年，GE 中国团队发生的根本变化在于，"以前我们想的是卖什么产品，现在问得更多的是顾客想要什么？我们的产品创新能否满足顾客的需求？因为任何好的创新都必须以顾客为本，以市场

⊖ 阿什肯纳斯，尤里奇，吉克，等. 无边界组织 ［M］. 姜文波，刘丽君，康至军，译. 北京：机械工业出版社，2016.
⊖ 段小缨. GE 创新关键 3 法则 ［EB/OL］. （2015-09-08）. https://www.hbrchina.org/#/article/detail?id=476717.

为本，企业发展需要与顾客的增长紧密联系在一起，只有顾客赚钱，企业才能赚钱"。所以，GE 在创新上坚持的首要原则是"由外而内驱动"，市场和顾客是 GE 的驱动力。

段小缨以 GE 医疗业务为例说明了 GE 是如何与顾客一起协同创新的。中国医疗有高端和基层两个市场。中国的高端医疗和欧美大医院没有什么区别，采用的是最先进的技术，这些技术不论是在中国、美国还是日本研发，都可以在世界各地应用。但是，中国的基层医疗如乡镇、社区卫生院等的职能和人才技能需求却与美国差异巨大。中国的基层医疗有复杂的细分市场，这决定了 GE 不能采用"拿来主义"，必须保证"产品既能体现最现代的技术，又能符合基层医疗的需求"，并且要"足够便捷易用"，这样"就必须让顾客参与创新"。

在具体操作上，GE 是这样做的："针对中国基层医疗机构数字化升级、基层医师软实力和生产力亟待提升的迫切需求，2015 年 4 月，GE 发布了数字化 X 射线影像系统 iDR，该产品是 GE 在全球推行协同创新模式以来诞生的重要解决方案。iDR 的研发过程改变了传统重研发、轻互动的单向模式，使用'请进来'与'走出去'的方式，将顾客、合作伙伴引入从概念设计、用户体验到产品评估的研发创新全流程。iDR 的无创数字化升级、远程诊断和多机共享等特点，都是顾客参与创新的成果。"这是一个典型的企业与顾客无边界共创。请顾客与企业一起创造价值，最终实现了企业与顾客甚至合作伙伴的共赢共生。

作为经营的第一个基本要素，顾客价值决定经营的价值，这需要经营者站在顾客的立场，运用顾客的思维方式，集中企业的能量，打破企业与顾客之间的边界，与顾客互动，一起创造价值。

集中资源专注于顾客价值

任何企业都需要谨慎对待顾客，并使企业的运作模式与顾客需求保持匹配。一些企业不断地扩大自身的规模，一味地追求更多、更大，其实是在浪费企业的资源。如果企业不能专注于自己的顾客，这家企业就不会具有真正的竞争优势。

因此，经理人工作的场所应该从办公室转移到顾客身边，需要关注的不是企业内部人员如何工作，而是顾客在做什么。换句话说，经理人需要把自己的"工作焦点"与"顾客"重叠起来。如前文所述，强调关注顾客不是什么新观点，全面质量管理及顾客满意度概念的核心思想便是由此产生的，美国的马尔科姆·鲍德里奇国家质量奖（Malcolm Baldrige National Quality Award）[一]更是此概念的延伸。这一切早在 *The Discipline of Market Leaders: Choose Your Customers, Narrow Your Focus, Dominate Your Market*[二]一书中就明确地表述出来了，该书的写作前提是"无任一公司能同时应付各种人"，它鼓励经理人要"选择顾客、集中焦点、掌握市场"。无论经历什么样的市场环境变化，所有成为市场领先者的企业所表现出来的共性是：经理人能够聚焦于顾客。

市场营销观念也提醒人们必须注意一个事实：要跟上环境的变化，必须研究消费者的欲求和价值观并做出响应，必须针对同行提供的选择快速做出调整。这个事实还特别提醒人们注意另一个事实：竞争经常来自行业外部。一切提醒，其实都是在阐述这样一个概念：没有什么比顾客更重要。当经理人对顾客投入关注并能够取得丰富的资料时，整个组织便转变为顾客导向的组织，获取顾客不再只是业

⊖ 马尔科姆·鲍德里奇国家质量奖设立于 1987 年，颁发给商业、医疗护理、教育、非营利事业领域中表现卓越的组织，该奖也被认为是全面质量管理的最佳指引。

⊜ TREACY M, WIERSEMA F. The discipline of market leaders: choose your customers, narrow your focus, dominate your market [M]. New York: Harper Collins Publisher, 1997.

务人员、营销人员以及现场人员的责任，而转为全公司所有员工的事业。无论是生产作业人员、研究开发人员，还是财务人员，都非常清楚：企业的成功来自顾客的认同，而他们也必须为此负责。

经理人需要知道，要创造属于自己的价值，必须集中企业的能量专注于目标顾客。如果能量不够集中或者市场范围过大，企业就有可能面临困境。这是经理人必须具备的逻辑思维，只有具备这种逻辑思维的经理人才能带领企业在市场中取得竞争优势。

新企业为什么能取代强大的老企业，就是因为新企业能够专心致志、集中力量寻找突破口，而居领导地位的老企业，却因为拥有太多信息和机会而经不住诱惑，设定了太多的目标，而惨遭失败。再回顾今天那些在市场中领先的企业，其成功也都归因于它们的专注和一心一意。这要求经理人具有清晰的目标及方向。为此，经理人需要有敏锐的市场感觉，能够明确表达企业的定位及方位，并且使企业的流程、作业系统、分工以及激励政策等都以顾客导向为基本前提，围绕着顾客需求调动企业的所有资源。

山东六和集团（简称"六和"）经历了高速增长，其增长的基础正是聚焦顾客价值。具体来说，一方面，六和锁

定了明确的目标顾客，集中精力深耕山东市场，没有广泛
地向全国发展；另一方面，它们尽可能避免将资源浪费在
顾客价值之外，把用在顾客价值之外的资源放回到顾客身
上，也就是让利给顾客。

　　以下是六和的具体做法。六和制定了集中资源深耕目
标市场的战略——密集开发式战略，并对此做了明确的度
量和界定，"以 50 千米为半径，30 千米内重点密集开发，
50 千米内重点服务"[⊖]，这让企业拉近了与顾客的距离。相
比于过去不聚焦的全国广撒网，市场线路变短了，这使产
品可以直接面向顾客，从而保证对顾客的快速响应和服务
品质。这种与顾客的近距离也简化了中间的销售环节，优
化了销售渠道。节省下来的物流和渠道费用，六和全部让
利给顾客。对于必须保留的经销商，六和采取微利经营，
让利给经销商，或者把优秀的经销商转化为公司的服务营
销人员。这些做法的终极目的都是保证养殖户，即顾客能
够得利。

　　通过集中资源保证顾客价值的创造，六和实现了组织

　　⊖　盛夏. 山东六和集团：不可复制的产业链建设［EB/OL］.（2008-12-
25）. http://finance.sina.com.cn/chanjing/b/20081225/13025684918.
shtml.

的快速增长，并且成了行业的领先企业。这些成效来自其对经营基本规律的遵循。

有竞争力的合理成本

成本是衡量企业管理水平的关键要素，控制成本的能力是企业实现经营绩效的基础。但是，企业不应追求最低成本，因为最低成本是不存在的，成本只能是合理的。在改革开放的 40 多年间，一些企业通过不断追求低成本而获得竞争优势，并自认为实现了迈克尔·波特（Michael Porter）所提出的成本领先战略，但其实这是一种误解。

在波特的竞争战略中，成本优势是指总成本领先而不是最低成本。这些企业所实现的低成本不是真正意义上的低成本，而是把成本转嫁出去的低成本，是压抑了劳动力价值的低成本，是不规范经营以及没有承担企业本该承担的责任而侥幸获得的结果。有竞争力的合理成本是攸关企业实现持续成功的四项基本要素之一。对中国企业而言，认真理解成本构成，透彻分析自己成本的合理性，寻找成本的竞争优势迫在眉睫。

廉价劳动力不能保证获得成本优势

2010 年，富士康做出了给生产线工人加薪的决定，这在当时引发了很大的争议，有相当一部分人认为富士康加薪带来的效应会对中国代工企业的竞争力产生影响。[Ⓐ]这样的担忧在台资企业、港资企业和大陆的制造基地里不断蔓延。但是，廉价劳动力是制造业企业成本优势的真正来源吗？

当时，"世界工厂"的模式使中国企业的国际化竞争力建立在廉价的劳动力成本之上，富士康只是一个缩影。这是处于改革开放 30 多年时的中国不得不接受的一个事实。但是，我们不能因此认为廉价的劳动力成本就是成本优势的来源，而是要找到制造业企业真正的成本优势来源。

谈到成本优势，我们会自然而然地想到三家企业：美国的西南航空、日本的丰田、美国的沃尔玛。

西南航空的员工部要和 18 000 多名员工打交道，员工部的每一位成员都要在该部门的使命宣言上签名，这份签

Ⓐ 汪洋. 富士康给生产线工人加薪 30%［EB/OL］.（2010-06-03）. http://www.p5w.net/news/gncj/201006/t3011942.htm.

Ⓑ 王如晨，李娟. 富士康再加薪 66% 一年或新增 50 亿元成本［EB/OL］.（2010-06-08）. https://tech.sina.com.cn/it/2010-06-08/01184281761.shtml.

了名的使命宣言被张贴在总部的显眼处，上面写着："我们认识到员工就是公司的竞争优势，我们将会提供各种资源和服务，帮助我们的员工成为优胜者，以支持公司的发展和获利能力，并同时保持西南航空的价值观以及特有的企业文化。"西南航空获得成功的原因有很多，但我觉得最突出的一个原因就是员工贡献的成本优势与服务品质。西南航空的平均成本是每英里[⊖]7.1 美分，而其他航空公司的平均单位成本为 10 美分左右，比西南航空高出 40%。西南航空的这一成本优势在很大程度上来源于员工突出的生产率。例如，西南航空的飞机从到达登机口到起飞一般只需要 15 分钟，联合航空和大陆航空则通常需要 35 分钟。西南航空能以总成本领先战略实现持续成功，关键就在于"尽可能最少地占用顾客的时间"并让员工快乐地工作。

丰田坚信一线员工不是一部没有灵魂的制造机器上的齿轮，他们可以是问题解决者、创新者和变革推动者。美国公司依靠内部专家设法改进流程，而丰田则赋予每一位员工技能、工具和许可权，使他们能随时解决问题并防止新问题的发生。正因为如此，丰田从员工身上获得的价

⊖　1 英里 =1609.344 米。

值远超过竞争对手。这就是丰田真正的优势——能够利用普通员工的才智。准时化生产、看板管理、全面质量管理、质量管理活动小组、合理化建议制度、生产的分工与协作、以消除浪费为核心的合理化运动……这些员工参与并实施的行动计划，都是丰田成功的保证。丰田生产方式的创始人大野耐一也曾经表示，丰田生产方式固然重要，但丰田人的创造力、努力和实际能力，则是生产方式的精华。[⊖]

沃尔玛的成功不容易复制，因为它的成功基于简单的管理规则，基于员工有效地执行规则而又不墨守成规。例如，光是偷窃的损失，沃尔玛就比竞争对手少一个百分点，这样的成果和 3% 的净利润相比，真是贡献可观。除此之外，沃尔玛还利用集中发货仓库、全国卫星联机的管理信息系统等使采购成本也低于同行竞争对手一个百分点。这些看似平淡无奇的管理手法，为沃尔玛每天给顾客供应低价商品提供了保证，创造出全球最大的零售企业。

西南航空的成本优势来源于时间效率，丰田获得成本优势的关键是"一线员工发挥智慧"，沃尔玛的成本优势来

⊖　大野耐一. 丰田生产方式［M］. 谢克俭，李颖秋，译. 北京：中国铁道出版社，2006.

源于管理效率，而中国大多数企业的成本优势却来源于劳动力、土地资源、政策以及原材料，这实在需要我们好好反思。令人可惜的是，到 2010 年时，依然有很多人认为富士康提升生产线工人的工资会使其自身失去成本优势。这种认为制造业企业的成本优势来源于生产线工人的低工资的观点是大错特错的。生产线工人最重要的价值是贡献产品成本与品质的竞争力，没有这样的认识，一个以制造取胜的国家就会丧失其竞争优势。

当然，令人欣慰的是，有一些优秀的中国企业已经觉醒，开始用实际行动来表达对一线工作人员的尊重，并且坚定地相信为此进行的投入是值得的、是公司制胜的重要法宝，这些成本投入会因员工的价值释放而更具优势。京东就是典型代表，其做出了积极表率。

2022 年 11 月 22 日，京东创始人刘强东发布了一封京东全员信⊖，主要内容是提升京东基层员工的待遇，并且拿出了实际举措。这封信文风朴实，用心诚恳，行动明确，全文如下：

⊖ 中国证券报. 刘强东发布京东全员信：投入百亿元，从住房保障、子女救助等四大层面提升基层员工待遇［EB/OL］.（2022-11-22）. https://baijiahao.baidu.com/s?id=1750171787476036511&wfr=spider &for=pc.

各位京东兄弟：

我想大家已经看到了集团以及物流、健康相继发布的第三季度业绩或简报。历经十几年埋头苦干，京东终于迎来了全面盈利的重要时刻，这表明我们以顾客体验为核心的长期战略是正确的，我们团队坚持长期主义、脚踏实地执行公司的战略是有效的。展望未来，我对我们国家经济发展和集团各个业务的前景充满信心和期待！我们一定会越来越好！

所有成功都离不开兄弟们的努力和坚持，在成功合并德邦之后，我们的员工总数已经突破了 54 万。我相信我们的"35711"梦想一定可以实现，那时我们可以为国家和社会直接带来超过 100 万就业岗位。在高兴之余，我一直在思考应该为兄弟们做点什么。

经过深入调研和仔细论证，集团决定：

第一，德邦现有员工，不管是外包还是自有的，都是我们的兄弟。自 2023 年 1 月 1 日起，我们将逐步为十几万德邦兄弟缴齐五险一金，确保每位德邦兄弟都能"老有所养，病有所医"，为兄弟们提供基础保障。过去，德邦的做法虽然合规合法，而且缴纳的五险一金比例远远超过其他同类公司，但依然有很多外包兄弟不能像自有员工一样享受全额五险一金待遇。我们会按照一定条件，逐步把外包兄弟转化为德邦自己的员工！让大家更有保障！

我知道这会给德邦带来短期财务压力，但是，我相信在实施"精兵简政、强化协同、激活员工、提升效率"的多种管理举措后，德邦会取得更好的财务表现。对此集团和德邦管理层都充满信心。

第二，集团拿出 100 亿元，为包括全体德邦兄弟们在内的所有集团基层员工设立"住房保障基金"。我希望此举能为工作满五年的全体员工，包括每一位快递兄弟和客服兄弟实现购房愿望。这是循环无息贷款基金，意味着未来十年，集团累计投入资金总额高达数百亿元！

我希望此举能让工作一定年限的兄弟们都能有温暖的、稳定的、自己的"家"。

第三，我本人再捐款 1 亿元，集团以及各个 BGBU[⊖]也会拿出一定比例的现金，大幅扩充"员工子女救助基金"的规模，为任何一位在职的京东（包括德邦等）兄弟提供保障。哪怕你只为京东（包括德邦等）工作一天，如果你因为工伤或者非工伤导致丧失劳动能力或失去了生命，你的孩子们都可以由这只基金抚养，最长可抚养至 22 周岁，直至大学毕业！

此举是为了确保每一位京东兄弟都有坚实的保障，在

⊖ BG 指 business group，即业务群；BU 指 business unit，即业务单元。

任何情况下都不会返贫或者让家庭难以为继！

我们用实际行动践行"一日京东人，一生京东情"的企业理念！

第四，为了提高基层员工的福利待遇，同时尽量减轻公司压力，集团决定自2023年1月1日起，京东集团副总监以上以及相对应的P/T序列以上全部高级管理人员，现金薪酬全部降低10%～20%不等，职位越高，降得越多。希望高管们能够理解和支持这一决定！对不起这两千多号高管兄弟们，我向你们道歉！如果两年之内京东业绩重回高增长状态，集团随时恢复大家的现金报酬。

兄弟们，各种福利待遇很好设计，但是不要忘记我们的股东。他们很多人和我们一样都是普通百姓，拿着终生积蓄购买了我们京东包括德邦的股票，那也是他们省吃俭用积攒来的血汗钱、养老钱！如果我们经营不善，他们就会亏钱。我们虽然无法影响短期股价，但是只要我们的业绩长期向好，终究可以回报我们的股东。希望兄弟们继续努力工作，不断回报我们的股东们。

祝兄弟们身体健康，工作愉快！

你们的东哥

2022年11月22日

　　这是一封内容实实在在的信，逻辑也很清楚，首先总结了京东今天的成就，紧接着将这些成就归功于京东基层员工的努力，然后宣布采取多项实际举措来提升基层员工的待遇。虽然"你们的东哥"和"兄弟们"的称呼略显江湖气，甚至略显土气，但这和星巴克用"伙伴"来称呼员工的表达方式异曲同工。更重要的是，京东除了通过称呼来展示对员工的亲切和员工间的平等，还拿出了实际行动，这会让员工产生更强的凝聚力和创造力。这封京东全员信蕴含着一种智慧——京东给大家提升待遇，是因为大家创造了成绩，这就形成了良性循环。

　　我们要警惕一味地追求低成本所带来的恶性循环。企业不能只看成本的高低，更要看成本的投入是否实现了有价值的产出，只要创造了相应的成绩，为企业带来了竞争力，这个成本就是合理的。因此，作为经营基本要素的成本应是合理成本，更确切地说是具有竞争力的合理成本。要保证这一点，企业需要从满足顾客期望、杜绝浪费、流程简化、人尽其才等多方面入手，下面分别展开论述。

围绕顾客期望设计成本

　　成本优势的第一个来源是围绕顾客期望设计成本。很多企业不清楚顾客的需求和期望，只相信自己对于产品的理解。我曾经到一家冰箱生产企业交流，这家企业的设计人员自豪地告诉我，在他们设计的冰箱里，光是小小的螺丝钉就有 12 种。在他看来，这是很有价值的事情。但是，从顾客的角度看，这些螺丝钉不会因为种类繁多就创造更大的价值。12 种螺丝钉没有和顾客期望连接在一起，它们所带来的成本就是一种浪费。

与之相反的是，麦当劳向着为顾客创造价值的方向化繁为简，以此来获取有竞争力的合理成本。在宏观层面，麦当劳的品牌宣言采用了最简单的语言——i'm lovin'it（我就喜欢），这使其与全世界的顾客尤其是年轻人达成共识，有了共同语言，并且建立了沟通的桥梁。麦当劳对这个品牌宣言的官方解释是："i'm lovin'it（我就喜欢）打破了国家与文化界限，以年轻人的口吻道出了全球同步的新生活、新态度，让麦当劳与全球的消费者，特别是年轻人，一起享受'简单、轻松的用餐体验'。现在，消费者在全球 120 个国家和地区都能看到麦当劳的金色拱门和脍炙人口的 i'm lovin' it（我就喜欢）品牌宣言。"⊖

⊖ 麦当劳官方网站. i'm lovin' it 我就喜欢 [EB/OL]. (2022-12-02). https://www.mcdonalds.com.cn/index/McD/about/imlovinit?open_source=weibo_search.

在微观层面，麦当劳通过 QSCV 理念的执行保证了顾客价值的传递，兑现着自己的品牌宣言。麦当劳对 QSCV 理念有着独到的认知："QSCV，即品质（Quality）、服务（Service）、清洁（Cleanliness）和物超所值（Value），是麦当劳始终坚持的经营理念。在全球任何一家麦当劳都能享用到标准一致的好味道。"[一] 在这四个执行标准中，品质对应食品品质，服务对应用餐体验，清洁对应餐厅环境，而物超所值则涉及价格这个敏感因素——麦当劳对这一标准做出了这样的解释："为顾客提供物超所值的体验。所谓物超所值，即价格合理且品质高。"在此，麦当劳用的关键词不是"低廉"，而是"合理"，因为"合理"二字能同时保障顾客和麦当劳的利益。在实现顾客价值的同时让企业也能盈利，这就是合理的设计，这样的经营才可以持续。

这与亨利·福特的经营理念异曲同工。亨利·福特认为企业不应该赚这么惊人的利润，合理的利润完全正确，但是不能太高。他主张用合理的小额利润销售大量的汽车，因为这样可以让更多人买得起，享受使用汽车的乐趣，还可以让更多人就业，得到不错的工资。合理的利润让企业

○一　麦当劳官方网站. 经营理念［EB/OL］.（2022-12-02）. https://www.mcdonalds.com.cn/index/McD/about/value.

在获取利润的同时，还能把其余利润投入到顾客和员工身上，为此付出的成本就是有竞争力的合理成本，因为顾客价值得到实现，员工也不再是没有竞争力的廉价劳动力。这样的经营理念体现的是顾客的真实诉求，为企业的投入提供了清晰的指引。

杜绝一切浪费

与以上这些优秀企业相比，很多中国企业在生产力发挥、产能转换、管理成本、渠道效率、资金有效性等方面存在着浪费。这些企业的管理者一方面认为未来企业会因人力成本提升、原材料价格上涨以及环境保护等面临很大的成本压力，另一方面又沿着原有的管理习惯工作。其实，如果管理者愿意改变管理习惯，持续改善企业的生产力，坚决杜绝一切浪费，那么这些成本都能消化掉，其价值也会被释放出来。

在持续观察中国企业的过程中，我感到当下的企业有太多可以改进的地方，效率提升的空间很大。我选两个小的角度来做说明。一是流程成本。在一些企业中，有些问题明明可以两个人交流后在半个小时内解决，它们却选择借用流程来解决，而一个流程走下来要经过至少三个人，同时还要耗费三四天的时间。我问这些企业的管理者为什么不马上解决问题，他们说这是流程的需要。我将这种成本称为流程成本。在企业中，这样的成本非常多，但是大家习以为常，并认为借用流程解决问题是正确的做法。二是沉没成本。我们可以通过打一个比方来理解这种成本。女生大都很喜欢买新衣服，但是，有一个奇怪的现象是，即使买了新衣服，女生在大多数情况下还是喜欢穿自己经常穿的那几件衣服，而把其他的大部分衣服挂在衣柜里。这些挂在衣柜里的衣服就是沉没成本。讲这两个小小的例子，只是想说明在管理中可以节省的地方很多，不要谈到成本就想到劳动力、原材料，事实上在管理中存在着非常多的浪费，只要管理者愿意，可以在任何一个方面展开工作并取得成效。

很多企业在人力资源的投放上也存在着很大的浪费。盖洛普咨询公司是全球著名的民调机构和咨询公司，由美国社会学者乔治·盖洛普（George Gallup）于 1935 年创立，长期致力于人力资源态度和行为的测量工作，"员工敬业度"（employee engagement）这个概念正是由该公司提出的。这个概念也被译作"员工投入度"，指的是员工对工作的投入程度，在理论界和实践界都产生了重要影响。

到 2006 年，通过盖洛普咨询公司对 114 个国家的 1000 万份员工和管理者问卷调查，这个概念已经较为成熟，可以用 12 个深入又简明的要素进行通俗解释和学术测量，该公司由此出版了《伟大管理的 12 要素》[⊖]（*12: The Elements of Great Managing*）一书。这本书为实践者提供了具体的管理指引，也在理论上为员工敬业度的概念提供了成熟量表。

简言之，盖洛普咨询公司从人力资源的角度调研了优秀企业和一般企业绩效差距的原因，结论是优秀企业拥有更高的员工敬业度。根据盖洛普咨询公司的统计，"每年因为员工投入不够而损失的生产力，美国是 3000 亿美元，德国是 900 亿欧元，新加坡是 30 亿新加坡元"，因此，"培养全情投入工作的员工已经成为全球企业追求绩效最迫切的课题"。盖洛普咨询公司经过调查研究还发现，"在平均生产力和获利能力上，工作投入度最高的员工比投入度最低的员工分别高出 18% 和 12%"，由此，盖洛普咨询公司得出了"员工投入度 = 生产力"的研究结论。可见，无论是在人力资源管理、产能转换上还是系统提升上，企业都可以释放出更多的成本空间，从而更好地面对今天的挑战。

⊖ 瓦格纳，哈特. 伟大管理的 12 要素 [M]. 宋戈，周蔓，译. 北京：中国青年出版社，2008.

　　三星集团大中华区前总裁朴根熙曾经分享了 20 世纪 90 年代三星度过亚洲金融危机的经验。1997 年，亚洲金融危机使韩国的众多财团不得不艰难度日，三星也处于生死边缘，在最糟糕时其负债达到了 180 亿美元，几乎是公司净资产的 3 倍，公司濒临倒闭。关键时刻，三星开始了痛苦的自我救赎之旅。据朴根熙回忆，那一时期，为了压缩开支，三星在每一个细节上都厉行节约，比如减少公司司机数量，鼓励管理层自己开车；免掉大型会议的聚餐；限制专务人员乘飞机只坐经济舱。"那时候三星的会议室里面没有饮料，工厂里也不再发免费的制服，这些都要自己掏钱来买。"后来，朴根熙在采访时告诉记者，从 1997 年的金融危机中重新站起来的三星已习惯用危机意识武装公司的全体员工。没错，挑战极限式地降低成本让三星在金融危机中起死回生，这对中国企业来说是一个极佳的示范。⊖

简化、简化，再简化

　　我不是一个反对体系建设的人，但是对于过度关注体系建设而不关注问题的解决、让管理复杂化的安排我是持

　　⊖　经济观察报. 过冬法则：40 家杰出企业渡过金融危机的策略［M］. 北京：中国纺织出版社，2009.

反对意见的。根据我对中国企业的观察结果来看，大多数企业不是缺乏管理，而是管理太多；不是体系建设不足，而是系统能力不足；不是员工执行力不够，而是管理指令太多导致员工无法执行。这些问题的根源都是企业的管理太复杂——组织层级复杂、薪酬体系复杂、考核复杂、分工复杂，甚至连企业文化都很复杂。在这种复杂的、权责不清晰的管理状态下，企业如何能够提高效率来应对变化呢？

我一直希望企业能够尽可能地将管理简单化，为此还专门写了《管理的常识》[⊖]。在我看来，很多时候，企业的管理效能没有发挥出来，是因为管理者把管理做得太复杂，事实上，管理并不需要这么复杂，只要围绕着顾客价值来进行即可，如德鲁克先生所言：管理就是两件事，降低成本、提高效率。我曾经有幸到六和出任总裁，这家公司非常吸引我的一点是它对饲料行业生产方式的认识，它知道应该如何为养殖户（顾客）生产饲料。

六和在行业迅猛发展、盈利高涨的时候提出了"微利经营"战略，并在公司内部强力推行这一战略。它要求各

⊖ 陈春花. 管理的常识：让管理发挥绩效的七个基本概念［M］. 北京：机械工业出版社，2010.

个分公司在帮助养殖户提升养殖效率的同时降低饲料价格，并且月月检讨、人人督促。起初，很多经理人不理解：为什么到手的利润总公司硬是不让赚，谁赚多了谁挨骂？潍坊分公司的一位经理是董事长张唐之先生的老同学，因利润高被痛斥了一顿，这位经理摇着头流下了泪，怎么也想不通：赚钱是商人的本分，多了还有错？经理人替股东把到手的钱捡起来还有错？为什么有钱不赚？

为了让大家认识到微利经营的必要性和紧迫性，张唐之先生在经理人大会上说："六和五年前进了五大步，建了若干新厂，买了大车，但追随六和五年的忠实顾客，有多少因与六和同舟共济而发达？养殖环节是农民兄弟在持盘，但行业利润多分布在药业、料业、食品业、育种业，农民得到的太少了，长此以往，养殖环节将因羸弱、无利而倒掉，而整个行业也难以存活和发展。"这番话让经理人们认识到了均衡价值链利润的重要性，对微利经营越来越支持。

因为实施了微利经营战略，找到了最适合自身的简单的生产方式，六和获得了丰厚的市场回报。其一，自 1995 年创业以来，六和的饲料产量从年产 10 多万吨增长到了年产千万吨，获得了巨大的发展；其二，微利经营使六和苦练内功，摒弃了高利润下的浮躁，即使在行业利润平均只有 3‰ 甚至 2‰、许多投资者开始退出的时候，六和仍乐此不疲地大步向前；其三，也是最重要的，微利经营让六和人始终牢记企业应根植于养殖业、根植于同行、根植于农民兄弟，牢记企业和养殖农民实际上是一本经营账，消长与共，从而一直坚持善良做人，实在做事。

把最佳人才放在一线

德鲁克先生指出，提升经济绩效的最大契机完全在于企业能否提升员工的工作效能。在企业中，员工既能通过提供产品或服务为顾客贡献价值，并为企业所有者贡献价值、创造利润，又能通过学习和共同完成工作改进自我价值来互相贡献价值。作为领导者，你必须认识到你的员工能够做出的潜在贡献，并且让其得到发展。

盛田昭夫曾经说过："优秀企业的成功原因，既不是什么理论，也不是什么计划，更不是政府政策，而是'人'。'人'是一切经营的最根本出发点。"⊖丰田生产方式的创始人大野耐一也认为："丰田生产方式固然重要，但丰田人的

⊖ 石川康．稻盛和夫的经营哲学［M］．北京：电子工业出版社，2011.

创造力、努力和实际能力，则是生产方式的精华。"⊖而在数字化时代，走在前沿的微软用新业务展示了一线人员对企业的重要性。2014 年，微软第三任首席执行官萨提亚·纳德拉（Satya Nadella）在上任后掀起了"移动为先、云为先"的微软革命，以此为核心业务帮助微软走出低谷期。在云业务的发展上，微软把赋能一线员工作为重要的顾客价值，于 2017 年推出"Microsoft 365"云办公方案，致力于"为一线员工提供支持，同时提高运营效率"⊖，希望充分发挥一线员工的作用。

要把优秀的人放在一线，放到最靠近顾客的地方上去。我之所以强调这一点，是因为在很多企业中，优秀的人往往被提拔起来放在二线，放在离顾客最远的地方。当企业做出这样的管理安排时，我相信它离增长和盈利会越来越远。

很多管理者关心盈利和规模增长，关心竞争对手所做的调整和变化，却不愿意花一些时间来思考如何发挥员工的创造力，如何为员工提供成长的平台，如何保证优

⊖ 大野耐一. 丰田生产方式［M］. 谢克俭，李颖秋，译. 北京：中国铁道出版社，2006.

⊖ 微软官方网站. 一线员工是组织的基石［EB/OL］.（2022-12-03）. https://www.microsoft.com/zh-cn/microsoft-365/enterprise/frontline.

秀的人处在一线最靠近顾客的地方。如果管理者不重视对员工创造力和潜力的开发与利用，企业最有效的创造性资产就会被浪费掉。而接触顾客最多、创造价值最直接的正是一线员工，企业只要把一线员工的创造力和潜力与顾客连接在一起，就能获得明显的竞争优势。企业要明白，只有让优秀的人在一线，企业才能够最快地获得最直接的优势。

企业必须了解一线员工掌握了什么技能，因为这些员工直接面对顾客，他们的能力和水平决定了企业的服务品质，决定了企业的投入产出效益是否能实现最大化，决定了企业的成本有效性和竞争力。因为这个原因，我一方面坚持要把优秀的人放在一线，另一方面认为一线员工不能轻易被调整。一些企业的末位淘汰制往往淘汰的是一线员工，这是错误的，真正应该末位淘汰的是二线的管理者。同样是因为这个原因，我要求管理者一定要关注一线队伍的建设，关注一线员工能力和水平的提升，要保证把最有能力和水平的员工留在一线，让员工的积极性和创造性充分发挥出来，以获得令顾客称赞的服务品质，从而获得与顾客在一起的机会。

有效的规模

通常来说，规模是衡量一家企业经营能力的指标，所以，在大部分情况下，企业经营者会把规模作为最重要的目标来追求。从经营的结果来看，我并不反对这样的认识，但是，从经营的本质来看，这样的认识是很有局限性的。作为经营基本要素之一的规模，需要得到我们正确的认识和有效的运用。规模是企业存在的一个基础，没有规模，就没有企业生存的位置。经营企业的人必须清醒地知道，规模的根本意义是：带来成本优势，带来市场影响力，规模的本质是竞争而非顾客。

所以，我们需要厘清以下几点。

第一，企业追求规模是为了有效地获得成本优势和市场影响力，而不是为了规模本身。

第二，企业对于规模的认识需要在三个层面上做出努力：一是生存规模，企业借助生存规模在市场上获得生存空间；二是竞争规模，企业借助竞争规模获得市场占有率，由此在市场上具有相对的竞争优势；三是发展规模，企业借助发展规模获得行业领先地位，由此得以整合产业价值链，让企业融入产业、获得发展空间，并延伸到自己从未

涉及的领域。生存规模、竞争规模和发展规模是企业需要
获得的规模。

第三，靠大量资源投入获得的规模不是有效的规模。
规模不是数量概念，衡量规模的标准也不是多少或者大小。
规模其实是效率概念，以人均投入和产出为衡量指标。所
以，规模必须是有效的，而不是最大的。[二]

如何理解规模

平衡规模和利润，是很多经理人一直以来必须面对的
挑战。中国市场长达 40 年的持续增长，使人们产生了认识
上的一个误区：规模增长是获得市场领导者地位的根本途
径，规模越大，利润越多，成功越大。所以，在很多人看
来，规模和利润并不矛盾，甚至有人认为，有了规模就有
了一切。但是，竞争的深化，以及技术和创新带来的变化，
使人们清晰地看到，规模和利润之间并不是完全正相关的，
而且，可以确定的是：如果企业陷入规模和利润的正相关
关系，就会忽略一个关键因素——顾客。

○ 本书有关规模部分的内容均请参看作者在《中国企业的下一个机
会》一书中的观点。

○ 陈春花. 中国企业的下一个机会：成为价值型企业［M］. 北京：机
械工业出版社，2008.

　　我以一组经典对比案例来说明顾客是如何打破规模经济神话的。它让我们看到，规模在缺少顾客这一关键因素时将不再产生经济效益。2009 年，吉姆·柯林斯（Jim Collins）出版了著作《再造卓越》[⊖]，当时正值全球金融风暴，而该著作的研究主题正是大企业是如何倒下的。当然，柯林斯在书中强调，该书并不是谈论 2008 年金融危机的，早在 3 年前他就有进行这方面创作的想法，因为他对历史上最卓越的公司为何会衰落很感兴趣，其中一些公司还是在《基业长青》和《从优秀到卓越》两本书中研究过的企业。柯林斯对大企业有长久的研究积累，可如同他在该书中所言，他研究过的一些大企业也走向了衰落，规模非但没有保住它们的命，反而让它们自大、迷失自我，甚至丧命。

　　电路城正是柯林斯所说的倒下的大企业的代表，这是一家 1949 年创立的美国家电零售连锁企业，于 2008 年 11 月 10 日申请破产保护。我之所以选择电路城作为案例，除了因为它是大企业衰落的代表之外，更因为它的倒下标志着一个行业关键成功因素的转变，规模经济一度是其所处的连锁行业乃至一些制造业所认为的神话，甚至从某种程

　　⊖　柯林斯. 再造卓越［M］. 蒋旭峰，译. 北京：中信出版社，2010.

度上来说，连锁就意味着规模的扩张，但电路城的轰然倒塌充分说明事实并非如此。

在很多人的认知里，电路城的衰落是因为过于自大而进行了盲目的多元化，甚至为了让自己变得更大而涉足二手车和信用卡这两个与主营业务不相干的业务。但更深层次的原因是行业成功的根本因素变了，或者说是时代变了，变成了顾客当家做主的时代。电路城的确是家电零售连锁行业的元老级企业，可是，随着 1962 年综合零售商沃尔玛的创立及成长，1966 年同样是家电零售企业的百思买的创立以及对这个行业的直接"入侵"，竞争开始逐渐深化。卖家的增多使这个行业变成了顾客时代，企业不能继续刚性，必须要拥有柔性。电路城和百思买之所以最终走向了不同的命运，根本原因就在于：电路城的思路一直停留在过去的自我规模追求，而百思买则面向顾客调整自己。

1996 年，百思买在美国家电零售市场的销售额首次超过电路城。2005 年更是标志性的一年，百思买以 274 亿美元的销售额超过了沃尔玛，位居第一，而电路城则排在第三位⊖。

⊖　布浩. 案例：顾客中心战略成功围城，百思买 VS 电路城［EB/OL］.（2005-11-30）. http://finance.sina.com.cn/leadership/case/20051130/13562160352.shtml.

让百思买创造如此庞大的销售规模的不是规模导向，而是顾客导向。这一年，人们也开始关注到百思买的"顾客中心战略"，基于此，百思买形成了独具特色的定制服务，即根据不同的顾客群体采取不同的服务方式，如为家庭主妇、中小企业主、专业人士等不同人群量身打造不同的服务，由此让百思买的零售店变成真正顾客导向的商店。这种根本性的调整，使百思买走向了成功。而与之相对的是，没有充分认识到顾客才是经营根本的电路城虽然在后来出售了信用卡和二手车业务，回归家电零售的核心业务，却仍然是在沿着旧的行业逻辑做事情。

在连锁行业，早期也许容易出现规模经济，甚至与此相关的制造业企业也可以因为量产标准化产品而获得规模经济，这让一些企业更在意规模而忽略顾客。但事实上，顾客才是企业在经营之初就不能忽视的关键因素，并且是所有行业的关键成功因素，甚至是行业和企业存在的决定性因素。

这组经典案例特别值得中国企业借鉴，也许一些企业在改革开放之初的一段时间里取得了"电路城模式"的成就，但是，这样的成就是难以持续的。面向未来，中国企业要想获得更持续的成长，必须突破过去对于规模的过度向往与依赖，回归基于顾客价值的经营本质。

如果我们真正读懂了这组家电零售企业的经典案例，也会理解为什么今天以海尔和美的为代表的家电企业要从规模制造向柔性制造转型。一方面，"春江水暖鸭先知"，渠道会发出信号，最贴近顾客的优秀家电零售企业已经对时代的改变有敏锐觉察并开始向定制服务转型，处于一条产业链上的家电企业也注定随之舞动。另一方面，顾客导向而非规模导向，本身就是驱动企业持续成长的本质因素。

这些经验和教训要求管理者从一个简单的问题开始重新思考：规模比企业的持续发展更重要吗？这个问题好像不难回答，但是，一些企业依然会为了追求规模而忽视企业的可持续发展。越大越好的思想在很多经理人的头脑里根深蒂固。其实，如果我们仔细想想规模是如何产生的，上述的问题就不难回答：并不是规模越大越好，如果企业为了追求规模而忽略甚至偏离了原有的定位，忽略了顾客价值，最终会失去市场。对顾客而言，他们真正关心的并不是企业规模的大小，而是企业为他们带来什么样的价值，能不能让他们感受到这些价值。

规模真的有魅力吗

人们之所以追求规模，是因为很多人都自然而然地认为规模具有下述魅力。

魅力一：规模可以带来领导者地位和市场权力。从理论上讲，规模大的企业的确可以确定市场定价，可以影响整个市场，而小企业必须跟随。但是，现实的市场并不完全如此。价格和市场地位是由市场来决定的，而不是由规模决定的。没有一家企业强大到能够击退全世界的竞争对手，自封的"市场领导者"不过是自欺欺人罢了。

魅力二：规模会带来更高的回报率。很多人认为，随着市场份额的扩大，利润也会提高，但这种观点其实是错误的。的确，一些规模大的公司比其主要的竞争对手赚得多，但是，大多数情况下并非如此，高利润并非大规模的自动结果，甚至在某些行业，规模并不是确定公司盈利能力的合理标准。⊖

魅力三：规模经济会发挥作用。一个普遍的观点是，产量越大，单位价格就越低。因此，很多企业的管理层费

⊖　POMFRET R, SHAPIRO D.Firm size, diversification, and profitability of large corporations in Canada [J]. Journal of economic studies, 1980, 7（3）：140-150.

尽心思扩大规模，并认为规模经济会随之而来。其实，我们需要更深入理解才能了解规模经济的本质意义，以及是否有"规模"就一定"经济"。实际上，较高的规模不会自动产生规模经济。因为一家大公司可能会从供应商那里赢得一些优惠，但是供应商也可能会拒绝大公司提出的降低成本的要求，因为它们认为一家大公司是不在乎多花这点儿小钱的（这要视公司和它的供应商力量强弱而定，如果在一家公司可供选择的供应商比较多的情况下，那么一定会存在比价上的竞争）。况且，经济学上还有另外一个概念——"规模不经济"，即随着公司规模的扩大，会增加管理人员，增加其他开支，如提高培训费用、开办新业务等。但是，不论如何，规模经济得有个前提，那就是顾客得要你的产品，否则，产量越大，越会使企业陷入困境，规模最终会成为企业巨大的困扰和负担。

以上就是关于"规模魅力"的三个观点，通过分析，我们已经知道这些观点都是误解，并不是对规模的合理客观认识。

此外，还有一点需要人们重视：巨大的企业规模对招募优秀经理人并不见得有利，大型企业之所以能获得优秀人才，是因为它们建立了充满活力、开明的企业文化，而不是因为规模本身的魅力。杰克·韦尔奇就明确地说过：
吸引优秀经理人的不是企业的规模，而是积极健康的企业
文化。

从规模导向转变为顾客导向

回顾企业发展的历史，我们需要承认：在某个时期里，
企业规模越大，产量越大，成本越低，收入越多，投入研
发的资金就越多，随之而来的是产品品质的进一步提高和
制造的进一步改善。规模似乎把顾客牢牢地吸引住了，因
为大规模营造出了一种长盛不衰的假象，增强了人们对品
牌的信任程度。在这个时期，的确规模越大越好，因为
规模扩大意味着成本更低，利润更高，创新更易，品质更
好。但是，为什么在今天规模大的企业无法获得这些优势
了呢？

因为时代变了。早期，规模之所以能够带来优势，是
因为市场处于供小于求的阶段。这些大企业鲜有竞争对手，
大量订单向它们蜂拥而至，这时，它们的首要任务是尽可
能多地生产产品以满足市场需求，此时市场是基于需求，
而非基于价值。另外，在这个时期，相对于大企业，顾客
的力量是非常弱小的，根本没有话语权，只能接受大企业

的判断。但是，随着顾客时代的到来，规模的神话被打破了。

第一，竞争环境的改变打破了顾客和企业之间的力量平衡。现在，市场开始处于供大于求的状态，顾客服务和提高生产能力的重要性不断提升，顾客的权力开始超越企业的权力，顾客开始具有话语权。

第二，细分市场成为现实。市场进一步细分、细化，不同类型的顾客有着不同的需求，他们要求得到专门为自己设计的产品，而不是大规模的、统一的产品。服务成为关键性的竞争优势，那些曾经依靠规模发家的企业也开始改变自己的策略，否则就会失去市场。

第三，技术改变市场结构。科技的进步使盈利模式发生了根本性的变化，过去企业用规模就能获得市场占有率，而在技术的冲击下，这条路已经行不通了，因为技术使规模效益慢慢移向那些小企业了。

时代的改变要求我们必须调整企业的导向，从规模导向转变为顾客导向。和 20 世纪相比，今天全球市场出现的变化更为激烈和复杂——科技和资本投资出现历史性飞跃，众多风险投资企业拥有巨大的资本，使市场准入的门槛大大降低，自由贸易和经济全球化造就了一批新生的竞争力量，而且，在大部分行业里，生产能力大于现有的实际需求。在市场要素已经发生根本变化的情况下，如果企业再以规模为导向，就违背了市场的现实。因为规模的本质是竞争，而不是顾客。

　　那么，如何回到正确的立场上来？杰克·韦尔奇给出了明确的答案，"我们经常衡量各种指标，实际上却什么也没弄明白。一家企业需要对三件事情做出评估衡量：客户满意度、员工满意度和现金流。如果你的客户满意度提高了，你在全球市场的份额肯定会随之提高。如果你的员工满意度提高了，就会提高生产效率，改进质量，激发自豪感，刺激创造力。而现金流相当于一家企业的脉搏，是一家企业最最重要的体征"。

单纯规模增长产生增长"极限"

　　经过"二战"后几十年的努力，日本打造了精益求精、以质量为生命的"日本制造"。丰田作为"日本制造"最闪亮的一颗明珠，2008 年取代通用汽车，成为全球最大的汽车制造商，创造了"丰田不败"的神话。但是，刚刚成为汽车行业规模第一不到一年，丰田就连续在设计和质量环节上暴露出缺陷。从 2009 年 9 月开始，丰田接连曝出油门踏板、驾驶座脚垫、刹车系统存在缺陷的问题，先后宣布在全球范围内召回多款汽车合计 850 万辆。如此大规模、全球性的召回，引发了消费者对丰田乃至整个日系车的信任危机。

2010 年 3 月 1 日下午，丰田社长（总裁）丰田章男在北京举行说明会，向中国消费者鞠躬道歉，以下是丰田章男发言的摘录⊖：

丰田认为，对于发生的问题，作为汽车厂商来说重要的是不隐瞒事实，把顾客安全放在第一，遵照当地法律采取适当的市场对策。并且，更重要的是深挖问题真因，防止再次发生。丰田发生这些问题的背景，与过去几年来持续高速发展自己的业务有一定的关系。企业的增长速度过快，可是员工和组织结构的成长跟不上，才导致这么多问题出现。我们已经深刻反省了这些问题。换句话讲，我们正在反省是不是已经超越了丰田自身能力的高速发展，使丰田对一直以来最为重视的对于造物、造车的苛求而有所疏忽呢？今后，我们将进一步强化"安全"和"质量"体

⊖ 丰田章男. 丰田章男社长发言稿［EB/OL］.（2010-03-01）. http://www.toyota.com.cn/mediacenter/show.php?newsid=450.

系，正如刚才介绍的措施以及对相关部位进行技术改善，同时，也要探讨如何进一步强化质量管理。对丰田来说，顾客第一。对顾客来说，提供受大家喜爱的汽车，并确保汽车的安全性能和质量则是最重要的。下面，我向大家说明具体的改善措施，关于如何加强质量管理这一点，我认为应该回归到"顾客第一"的原点，改善迄今为止的方法和流程……以上这些就是我们为了尽早挽回消费者信心，全力改善"安全"和"质量"而采取的措施。重新审视工作方法、人才培养方法，虚心倾听顾客的声音，把安全性和质量放在第一位，为了能够使"制造高品质的汽车"标准早日恢复而加倍努力。

丰田章男的反省以及丰田召回事件引发的思考让我们明白，这不仅仅是质量的问题，更是如何看待增长以及用何种方式实现增长的问题。

我在看日本一桥大学国际企业研究院教授大园惠美（Emi Osono）、清水纪彦（Norihiko Shimizu）、竹内弘高（Hirotaka Takeuchi）等人写的《丰田成功的秘密》[⊖]一书时，

⊖ 大园惠美，清水纪彦，竹内弘高，等. 丰田成功的秘密［M］. 周亮，战凤梅，译. 北京：机械工业出版社，2009.

看到 IBM 首席执行官对这本书的评价是：对于想了解有关创新、差异竞争及增长的真正源泉的管理者，这是一本必读书。看完整本书后，我非常认同这个评价，因为丰田之所以能够成功，秘诀之一就是奉行创始人哲学。怎样才能够使丰田在扩张力的驱动下免于因过分膨胀而爆裂，是丰田创始人自始至终关注的核心问题，为此丰田还形成了一套哲学来指引组织发展。通过丰田章男的反思，我们发现丰田在那段时间的发展中遗忘了"创始人哲学"，包括丰田章男及其员工在内的所有丰田人的价值理念已经逐渐变为追求企业的利益和规模，这与丰田原本的以顾客价值为导向的价值理念相违背。

原来丰田之所以实现了良好的组织绩效，正是因为丰田全员拥有并践行了丰田以顾客价值为导向的价值理念，即丰田章男提及的"造物""造人""造钱"的丰田精神。"造物"是指为顾客提供优质的产品，"造人"是指培养一大批信仰丰田精神的员工，在"造人"和"造物"的基础之上，丰田才能为自己"造钱"，也就是说，追求利益和规模是满足顾客价值之后的事情，而不是目的。丰田的使命应当是"造车"，而承担造车使命的正是丰田人，所以，在丰田精神当中，"造人"处于核心地位。而丰田人和丰田精神在契合度上的下降导致丰田的"精益制造"变成了"质量召回",事实上,比召回丰田汽车更重要的,是召回丰田全员本该拥有和践行的丰田精神——丰田创始人哲学。

丰田创始人哲学在丰田的哲学体系中体现为"丰田纲领"⊖,指的是"利他精神和创业者精神",具体包含五项内容:上下一致,至诚服务,产业造福社会;致力于研究与创造,始终走在时代的前列;切记虚荣浮夸,坚持质朴刚毅;发挥团结友爱的精神,营造和谐家庭式氛围;具有敬畏感,知恩图报。

关于丰田纲领的形成,丰田是这样介绍的:丰田集团创业至今,贯彻经营核心的精神来自"丰田纲领"。根据丰田集团的创始人丰田佐吉先生的思想精华而总结出的"丰田纲领"是"丰田基本理念"的基础。随着公司的扩大、员工人数的增加,丰田利三郎、丰田喜一郎等初期创始人决定将佐吉先生遗训明文化,颁布了"丰田纲领"。时值佐吉先生的 5 周年忌(1935 年 10 月 30 日)。通过丰田纲领的形成历史,我们洞察到,这份纲领正是伴随着规模增长而出现的,将利他和朴素踏实的品质贯穿于企业的

⊖ 丰田官方网站. 丰田哲学 [EB/OL]. (2022-12-03). http://www.toyota.com.cn/about/toyota_philosophy.

增长。它如同一条准绳，保证着丰田人的行为作风，使丰田以"造人"为基础，进而获得持续成长。

丰田召回的确是一个经典案例。一方面，丰田是因为价值观的迷失而落入规模陷阱的，另一方面，也是更重要的是，企业敢于承认自己在这方面的失误，尤其是勇于公开表达，本身就显示出一种改善的决心和承诺。外部的声音或许可以指出企业盲目追求规模的错误，但最关键的是企业自身的觉醒。这是这个案例的特别之处，我相信它一定能引发很多成长中的企业反思并思考应如何获得有效的规模。

深具人性关怀的盈利

企业必须盈利，但企业又是有机体，是整个社会系统的构成部分，承担着自己的社会责任。企业的社会责任通过实现社会期望价值的方式表现出来。

先人告诫我们利要取之有道，用现代人的思维来理解就是：所有利益的来源应该是人性的回归——深度的人性关怀。具体表现在企业经营实务中，就是把实现社会期望价值转化为实现企业核心价值，如强生公司的"因爱而生"、新希望六和的"为耕者谋利，为食者造福"、美的集团的"智慧生活可以更美的"，以及星巴克的"激发并孕育人文精神——每人，每杯，每个社区"。

深具人性关怀的盈利还体现在企业所有成员的成长性上。把群体凝聚在一起的内在力量是让每个人有奉行不渝的价值（终极关怀）。因此，我们要问：我们的核心价值是什么？如何展现深度的人性关怀？丰田的"造车之前先造人"、迪士尼的"只要有梦想，你就可以实现"、同仁堂的"同修仁德，济世养生"……都是深度人性关怀的表现。

乔布斯的魅力

2011 年，听到乔布斯离世的消息时，我的第一反应是拿出 iPhone 4 来使用。我并不是"果粉"，也不是"乔粉"，但是这一个动作，使我知道自己内心里是多么推崇乔布斯，我问自己，乔布斯的魅力到底是什么？

那些天，无数人、无数传媒都在纪念乔布斯，赞誉的人和肯定的人超乎寻常。纪念他的人说："乔布斯至少五次改变了这个世界。第一次是通过苹果电脑 Apple-I，开启了个人电脑时代；第二次是通过皮克斯动画工作室，改变了整个动漫产业；第三次是通过 iPod，改变了整个音乐产业；第四次是通过 iPhone，改变了整个信息产业；第五次是通过 iPad，重新定义了个人电脑，改变了个人电脑产业。"他本人所确信的"活着就是为了改变世界"，他的确做到了。

人们统计了几个与乔布斯有关的数据：2 次手术，3 个孩子，8 年抗病，11 款经典产品，100 倍股价涨幅，1000 万台 iPad，1 亿部 iPhone，2.7 亿台 iPod，带动全球超过万亿美元的产值。因为这些奇迹，人们把乔布斯归为创新的奇才和经营的奇才，李开复对他的评价是："①预测业界趋势；②大胆使用最先进的技术；③打造崭新的商业模式；④凝聚一流人才；⑤憧憬用户尚不自觉的需求；⑥永不停息地自我超越；⑦设计每个细节都近乎完美的产品；⑧口若悬河地说服用户情不自禁地爱他的产品。一般能驾驭两三点的人就可能很成功，但是乔布斯能做到八点。"

这些评价我都非常认同，不过，在我看来，这还不是乔布斯真正的魅力，因为这些能力使乔布斯更像一个"神"，禀赋和能力无人企及，但我觉得乔布斯有着更重要的天性，这份天性成就了他，也吸引着我。

和好朋友江博士聊天的时候，他讲了一个亲身经历的关于乔布斯的故事。那个时候他还在美国芝加哥的摩托罗拉公司工作，公司举办的一次关于公司内部创新的大会，邀请了乔布斯做演讲嘉宾，结果乔布斯站到讲台上，问能否给他一把剪刀。当工作人员把剪刀给他后，令人意想不到的事情发生了：乔布斯拿着剪刀走到坐在前排的公司副总裁一级的经理人面前，把每个人的领带都剪掉了一半，并说剪掉领带就没有束缚了，这样才能展开创新。江博士在讲述这个故事的时候，我的脑海里浮现出当时的场景，内心大为赞叹：这就是乔布斯的魅力，这就是我喜欢他的根源——尊重人性中最自然的光辉。

当然，有人可能觉得这个故事有些牵强，这也许是因为他们没有体会到其中的深意。"剪掉领带"是有标志性或者说是有象征意义的动作，甚至是一种价值观的重塑，它标志着回归简单自然，正是这种观念支撑着企业的产品甚至企业的样子。不妨想想乔布斯的标志性着装，相信一个熟悉的画面会浮现在我们脑海中：没有领带，只有简洁的黑色圆领上衣，冬天则是黑色高领毛衣。这是他钟爱的简洁风格，这种简单的审美也体现在苹果产品上。

再来看看扎克伯格、雷军等乔布斯的"追随者"所钟爱的穿着，似乎乔布斯也"剪掉"了他们的"领带"，引领着这一批优秀科技企业回归自然并做出创新。乔布斯引领的不只是着装风尚，更是简单自然的生活方式甚至商业模式。这也是乔布斯魅力的体现。

在 iPad 上市的时候，我曾经写过一篇文章分析乔布斯为什么会领导苹果屡创佳绩，文中借用了乔布斯本人的观点："我们只是尽自己的努力去尝试和创造（以及保护）我们所期望得到的用户体验。"正是因为有这样的定位和承诺，乔布斯和苹果才能一直坚持做一件事情，那就是赋予产品顾客体验的价值。在乔布斯看来，了解和理解顾客的习惯是最为关键的。他很明确地知道，任何产品都应该回归顾客的生活习惯，而不是改变顾客的生活习惯。我走在洛杉矶的街道上，看到 iPad 的户外广告牌上是这样的画面——人们舒适地跷着腿坐在沙发上，腿上很随意地放了一台 iPad，那份悠然的闲散和自在正体现了苹果为顾客创造的极致体验。

乔布斯对顾客总成本的认识和对商业价值的认识也令人惊叹。在 iPad 的广告上，你看到的是这样一行字：奇妙与革命性的产品，令人难以置信的价格。所有人，包括我自己都没有想到，这款革命性的产品竟然有一个如此设计的价格体系。我喜欢乔布斯对顾客的理解，更加钦佩这样的商业设计。

对人性的理解和尊重，是乔布斯更大的魅力，也是乔布斯带领苹果不断创造奇迹的根本原因。乔布斯离世后，他的人生哲学被人们广为传颂：人活着就是为了改变世界；领袖与跟风者的区别就在于创新；人这一辈子没法做太多的事情，所以每件事都要做得精彩绝伦；成就一番伟业的唯一途径就是热爱自己的事业；不要把时间浪费在重复其他人的生活上。⊖我们不仅要在内心里理解和认同这些观点，还要在行动和产品中表达这些观点，用中国传统文化的理念来说，就是做到"知行合一"。

2011 年 10 月 5 日之后，我开始用 iPhone 4 手机，这只是一个纪念的仪式。我也知道创新永无止境，但是，所有创新都需要回归顾客的需求，更需要对人性光辉的深刻理解。真正触动人心的东西，才是永恒具有魅力的部分，乔布斯做到了，我们还需要努力。

核心价值观的具体体现

当人们探寻丰田的成功之道时，会看到"丰田纲领"所发挥的决定性作用。企业创始人所努力维护的正是企

⊖　扬，西蒙. 活着就为改变世界：史蒂夫·乔布斯传 [M]. 蒋永军，译. 北京：中信出版社，2010.

业核心价值观，是企业所有成员必须遵循的宗旨。按照威廉·大内（William Ouchi）的见解[⊖]，一家企业的宗旨必须包括：①组织目标；②组织的作业程序；③组织的社会和经济环境对组织所产生的限制条件。我们可以从细分的角度更好地理解企业核心价值观对每一个关键环节的影响和作用。

1. 利润

利润是一家企业必须实现的目标。如何设定利润目标，如何用利润目标来牵引大家的行动，什么样的利润才是企业倡导的，必须阐述清楚。很多情况下，企业会认为追求利润是理所当然的事情，这样的认识很普遍，但是存在着误区。一方面，当我们承认企业需要创造利润的时候，我们并没有确定用什么标准来衡量利润的价值；另一方面，经营者并没有真正地理解利润与顾客的关系，利润与投资者的关系，利润与企业发展的关系。更多的情况下，经营者单纯地把利润理解成成本和价格的关系，这样的理解是非常局限的。这样理解利润，会导致企业过度追求发展、盈利和竞争。

实际上，利润更需要解决的是与顾客的关系、与企业

⊖ 大内. Z 理论 [M]. 朱雁斌，译. 北京：机械工业出版社，2007.

发展的关系，企业的盈利若不能为顾客创造价值，不能为
企业提供持续发展的资金，那么企业的做法一定是错的。

经营者应认识到，利润与顾客、与企业发展之间是相
互依赖的关系，利润必须以顾客价值和企业发展为约束条
件，而企业发展和顾客价值的获得也依赖于利润的贡献。
从根本上讲，利润的目标只为以下目的服务：支付企业发
展所需要的资金；提供达到顾客目标所需的各种资源；获
得可持续的利润。

2. 顾客

顾客是企业存在的根本原因，企业的所有努力都是由
顾客评判的，因此，与顾客的关系是企业唯一的也是最有
效的价值判断标准。企业的战略、管理流程、关键活动、
质量标准以及其他的所有活动是否以顾客为出发点，是
衡量一家企业是否具有价值创造能力的关键标准。甚至创
新也必须围绕着顾客价值展开，这既是由企业自身的定义
决定的，也是现实经营的要求。洞悉顾客需求，并不像人
们想象的那么困难，但是，为什么很多企业无法做到这一
点？根本原因是企业没有真正形成顾客导向的思维方式和
管理习惯。许多企业管理者，尤其是高层管理者根本没有

机会贴近顾客，也就失去了真正了解顾客的途径。

沃尔玛创始人沃尔顿基于"顾客至上"定下的"天条"让人印象深刻：第一条，顾客永远是对的；第二条，如果顾客错了，请参照第一条。1976 年 6 月的一个星期六夜晚，已经隐退的沃尔顿站出来裁掉了时任沃尔玛董事长兼首席执行官的罗恩，以及追随罗恩的占高管队伍 1/3 的公司高管，因为他们自以为是，以为是自己成就了沃尔玛，忘记了顾客至上的"天条"，而把精力用在了内部的钩心斗角上。这种缠斗削弱了沃尔玛的门店服务能力，让沃尔顿再也无法忍受，亲自出手清理门户，这在沃尔玛内部被称作"周六夜大屠杀"[⊖]。沃尔顿用实际行动捍卫了公司的"天条"，并以此警示沃尔玛的全体高管和员工，"顾客至上"是沃尔玛的成功之道，公司的目标应该是向公司的顾客提供尽可能多的物品和尽可能好的服务，从而获得并始终拥有他们的尊重和忠诚。

3. 成长

企业成长依据的资源和条件，决定着企业能否持续发

⊖　沃尔顿，休伊. 富甲美国：沃尔玛创始人山姆·沃尔顿自传［M］. 杨蓓，译. 南京：江苏凤凰文艺出版社，2015.

展并具有价值创造能力，所以，设定企业成长的目标必须考量企业自身的能力以及所处的环境，如果企业的成长脱离了自身能力和环境，则非常危险和极其有害。并不是只要是成长就是企业应该追求的，一味追求规模和成长，忽略了企业最需要关注的问题，只会导致企业走向危机。因此，企业的经营者需要清楚：企业成长的依据是什么？企业成长的动力是什么？企业借助于什么样的能力和环境才能实现成长？

2008 年，我写了《中国企业的下一个机会》[⊖]，在这本书里，我想说明的是中国企业需要改变自己的成长方式。因为在 1978～2008 年的 30 年间，中国企业的增长速度非常快，很多企业从一个小小的企业成长为规模超过十亿元、百亿元，甚至千亿元的企业，但是，当我们总结这 30 年的成长动力时，发现大部分中国企业的成长靠的都是过度的资源投放，而没有实现真正的价值成长，这些企业透支了自然资源、劳动力资源，甚至是顾客资源。所以，这本书的结论是成为"价值型企业"，成长不是过度消耗资源，而是创造价值，其逻辑是长期逻辑，是让企业获得深深植

⊖ 陈春花. 中国企业的下一个机会：成为价值型企业［M］. 北京：机械工业出版社，2008.

根于顾客价值的持续成长。以 2008 年为界（这一年是中国改革开放 30 年，也是全球金融危机爆发的一年），后面经历的时间越久，我们会越发感受到成长方式转变的必要性。归根结底，经营环境和顾客的成长需要企业做出改变，如果企业不能适时改变，不能转变成长方式，一定会被环境或者其他企业淘汰。相反，有一部分优秀的企业在获得高速成长的同时，也获得了价值的认可，这些企业让我们更明确了企业成长所需要的价值约束，即要使企业的成长只是受到三个要素的限制——企业利润、员工发展、技术能力。

4. 人员

企业如何看待员工，会影响到员工能否真正有效地发挥作用，并在自己的行动中体现企业的核心价值观。在现实工作中，企业的形象、服务、质量均是由员工特别是员工的行为所决定的，一家拥有高素质员工队伍的企业，一定是一家具有强大竞争力的企业，这一点是被所有成功企业反复验证过的。正如德鲁克先生所指出的那样，提升经济绩效的最大契机完全在于企业能否提升员工的工作效能。长期以来，我一直认为人力资源是企业的第一资源，企业的差距从长期来讲是人力资源的差距，而人力资源对企业发展的贡献，在很多方面需要组织系统配合，需要借助于组织创新能力的贡献，因此，我认为组织的创新能力是构成企业长期发展的影响因素。而同样具有深远意义的是组织适应能力的贡献。组织适应能力是保证企业组织不断延长生命周期的能力。有研究表明，企业组织对环境的适应能力、对变化的适应能力、对战略的适应能力，是使企业不断延长生命周期的核心要素，企业的这些适应能力将在很大程度上影响企业的长期发展，而所有这些适应能力都是由员工的能力转化而来的，所以，员工是这些能力的真实来源。

释放员工能量、依靠员工来打造企业核心能力必须成为共识。因此，企业关于员工的目标只能如此：帮助企业的所有员工分享企业的成功。正是员工使这种成功得以实现。企业须以员工的工作成绩为依据，为员工提供职业保障；承认员工的个人成就；保证员工因完成工作而产生个人满足感。

5. 管理

管理活动贯穿企业的整个系统，这些活动是最能直接反映企业核心价值观的。从经典的管理理论中我们知道，管理的通用定义是"通过人员及其他机构内的资源达到共同目标的工作过程"。这个定义明确地告诉我们，管理需要实现目标，管理是一个共同工作的过程，管理是人员和资源的结合。这样的界定已经很清楚了，但是，在现实的管理活动中，我们还是没能实现目标，或者即使实现了目标，很多人也会觉得付出太多，内心并不快乐。更多的管理者陷入日常的人事困扰，而员工却认为没有从管理者那里获得很多支持，在一些企业中，"管理"甚至成为没有效率的代名词。

我在《管理的常识》一书中，对让管理发挥绩效的八个基本概念进行了详尽的阐述。之所以这样做，最直接的原因是希望人们能够真正发挥管理的绩效，因为管理的绩效决定人的绩效。如果说释放员工能量是企业获得成功的依据，那么，释放员工能量的前提条件是管理必须有效。在德鲁克的众多观点中，对我影响最大的是他所强调的管理者需要贡献有效性和价值的观点，而我同样坚持管理必须反映企业的核心价值观，必须依赖于企业的核心价值展开活动。所以，管理的目标是：使个人在实现明确规定的目标时有充分的行动自由，从而激发人们的主动性和创造性。

6. 公民身份

明确企业和社会之间、企业和环境之间的关系，对于企业以及管理者自身都是至关重要的。企业的高速发展带来的一系列问题呈现在管理者和企业的面前，以往不被关注的问题在今天也许成为至关重要的问题。在总结中国企业 30 多年成长历程时，我归纳出中国企业需要克服的四种"成功陷阱"——单一产品的成功、单一资源的成功、企业家个人的成功和没有付出规则成本的成功。这些也许是企业发展过程中难以避免的问题，随着全球化的加剧、企业自身能力的改变、市场环境的变化，这些问题会越发明显，如果我们不面对并做出相应的调整，那么被淘汰的就是我们的企业。

全球一致的行动以及对于环境的关爱，已经不是哪个地区或者哪个人的责任，而是所有人的责任，我们需要更加清楚自己身上的责任和挑战，并做出更大的努力来承担责任和面对挑战，所以企业需要设定这样的目标：承担企业对社会的义务，为企业业务所在的每个国家和每个社区贡献经济、智力和社会财富。

每家企业的核心价值观有不同的表达方式，但是，其

068 经营的本质 第 2 版

核心内容都需要包含对上面六个问题的回答。通过对这六个问题的不同取向，可以判断出一家企业的核心价值观。借助于企业价值观明确的价值判断，企业可以界定什么样的盈利才是企业所追求的盈利。

全新的经营观

朝向和谐社会发展的今天，比以往更需要全新的经营观，这不但影响企业营销在市场上所做的努力，更冲击着企业的管理方式和价值观。人们已经意识到，公司最重要的，最无法忽略的资产是以顾客为代表的"价值资本"。英国管理哲学家查尔斯·汉迪教授（Charles Handy）在他《饥饿的灵魂》[⊖]一书中说道："（人们）虽然找到关于经济增长问题的部分答案，但不确定对此能够做些什么。在非洲，人们说渴望分为两种——渺小的和伟大的。渺小的渴望，是指获取维系生命所需的东西，即必需的商品和服务以及购买这些东西所需的金钱，这些是每个人都需要的。而伟大的渴望，则是追寻一个问题的答案，即生命的意义是什

⊖ 汉迪. 饥饿的灵魂 [M]. 赵永芬, 译. 北京: 中国人民大学出版社, 2006.

么?"当企业必须承担"伟大的渴望"时,企业自身以及管理者本身的价值观都需要提升到一个全新的高度。

全新的经营观包括两个部分的内容:超越商业领域,拥抱未来。哥本哈根未来学研究院(CIFS)把公司比喻为部落,企业有自己的历史、神话、仪式和价值观,甚至拥有自己的英雄和反对派。简言之,企业不再是一个简单的经济体,而是社会缩影,需要也必须要满足一个共同的目标:尊重和满足人的需要。人们已经不再被财富所迷惑(虽然今天财富依然具有强大的力量),"任何事情都可以商业化"并不是人们真正想要的生活,金钱只是生活的工具,并非人生的意义。人生拥有未来的无限可能性,这种可能性丰富了生活,也让世界具有了多样性和差异性,这一切为企业提供了更加广阔的市场和前景。正是这样的共识,要求人们做出改变,脱离商业化的流行趋势,回归人生的真正意义。

超越商业领域

全新的经营观必须是超越商业领域的,企业的核心价值观必须能够体现这样的价值追求。如德鲁克经常指出的那样,企业面临空前的挑战,企业必须制定和宣传战略,来激励员工和合作伙伴，让他们具有明确的共同目标和方向。数十年来，德鲁克一直坚信企业是实现重视个人价值的重要引擎。他一再告诫人们，大多数企业经营所依据的假设都不再适应现实。企业需要基于一个全新的假设来面对现实提出的挑战，这些挑战可以称为一场"安静革命"。如果企业和组织不能被重新定义，就会像恐龙一样难逃覆灭的厄运。

"全新的假设"是什么？在《超越竞争》一书中，我比较了两种经营假设。传统的经营思考起始于这样的假设：价值是由企业创造的。通过选择产品和服务，企业可以自主地决定它所提供的价值。新的经营假设的核心是：价值由顾客和企业共同创造。这样的经营假设，使企业需要从顾客出发再回到顾客那里，一切源于顾客的价值创造。用顾客的思维方式而非企业的思维方式来经营企业，要求企业超越商业领域，回归顾客价值，围绕着人以及人的需求展开业务，而非企业的利润。

拥抱未来

全新的经营观必须是拥抱未来的，用更简单的方式来说是以未来决定现在。衡量企业的重要标准之一是其预见和投资明天的机会的能力，也是其先于顾客需求变化做出改变的能力。很多时候，我会被这样一些企业感动——正是因为它们的努力，我们获得了了解自然的能力、无障碍沟通的能力、窥见微小世界的能力。没有这些企业，我们也许会失去实现梦想的可能性。拥抱未来就是具有不断创新和创造的能力。

我和很多人一样被苹果的革命性产品折服，乔布斯1997 年回归苹果后推出的每一款全新产品几乎都会引起市场的巨大反响，在一个产品极度丰富的时代，还会出现争先恐后、通宵排队购买产品的场景，这算得上是苹果所创造的奇迹。1997 ～ 2011 年，14 年的时间里，乔布斯率领苹果不断用全新的未来塑造着苹果的产品和竞争力，为苹果和时代进步都留下了深刻的烙印。在索尼 Walkman 随身听红遍全球的 CD 音乐时代，2001 年乔布斯用 iPod 敲开了未来数字音乐时代的大门，带给人们全新的体验。2007 年 1 月 9 日，iPhone 问世，苹果宣布"重新发明手机"，这不但意味着 iPhone 时代的到来，更开启了一个全新的移动智能时代。

这些面向未来的创新不但为苹果带来了强劲的增长，更重要的是使人们获得了更多的体验，得以拥抱全新的未

来世界，从而更有效地发展企业。在某种程度上说，因为
这种对未来的创造，乔布斯和苹果才能引领人们生活的发
展。乔布斯说"活着就是为了改变世界"，我们看到他的确
做到了，并且用实际行动告诉我们，比预测未来更重要的
是创造未来。

全新的经营观要求企业关注自身的基本假设，时刻检
视企业与顾客、与环境、与变化、与未来之间的关系并保
持互动，更要求企业基于人的发展而不是围绕着利润来开
展经营活动。

02

战略的本质

一家企业能走多远，取决于这家企业是否具有战略思维和能力。从本质上讲，战略就是一种选择，尤其是选择不做什么。

　　"战略就是命运"是罗伯特·伯格曼（Robert Burgelman）在同名书[⊖]中表达的核心观点。对于战略本身的理解决定了一家企业能否存活下来，以及如何实现持续发展。然而，在持续增长的同时，很多企业正逐步丧失其战略的根本点，甚至有些企业几乎从来没有认识到需要回到战略的基本面上去积累能力。

　　没有战略基本层面的能力累积，这家企业是无法走得很远的，它在市场上所取得的成绩，都是暂时的胜利。几

⊖ 伯格曼. 战略就是命运 [M]. 高梓萍，彭文新，邹立尧，等译. 北京：机械工业出版社，2004.

年前，我曾经谈到几种类型的企业：暂时性的胜利者、阶段性的胜利者、永久的胜利者。暂时性的胜利者是机会主义者，阶段性的胜利者是实用主义者，而永久的胜利者是战略领袖。这个划分体现了我的一个观点：不要只关注暂时性的胜利，因为机会永远是公平的，你得到这个机会，就意味着失去另外一个机会；不要满足于成为阶段性的胜利者，因为实用的功能总会被时间淘汰。企业需要更多地关注战略层面的累积，只有拥有了战略的能力，企业才能取得永久的胜利。战略能力的获得需要管理者牢牢记住企业经营的本质，时刻知道企业赖以存在的根本是什么。

什么是真正的商业成功

战略要求企业必须聚焦于为顾客创造价值这个点，这是企业成功的关键。企业领导者应该专注于提升为顾客创造价值的能力，根据顾客的价值需求来发展策略，让顾客价值成为企业产品的起点、企业服务附加价值的起点、企业策略的内在标准以及企业行为的准则。

企业因何而存在

在"三鹿事件"等带给消费者和企业严重伤害的事情发生时，我曾特别强调：真正影响企业持续成功的不是企业的策略与目标，不是技术，不是资金，也不是流程，而是专注于为顾客创造价值的力量。诸如此类的事件折射出这些企业的领导者缺乏对战略的理解，他们根本不了解企业因何而存在。这些企业的战略从根本上是错误的，因为它们迷失了战略的核心立场。假如企业的领导者没有意识到这一点，这家企业注定会走向没落。

战略要求企业必须聚焦于为顾客创造价值，企业要想获得成功，关键正在于此。我们不妨回到企业存在的本源去理解这一点，这或许会使我们更加清醒。

企业究竟因何而存在？从根本上说，是因为顾客价值的创造。GE、美国电话电报公司（AT&T）、福特汽车等企业在现代电气、通信与交通领域的奠基性贡献给人们的生产和生活带来了重大影响，我们因此感知到这些企业的真实存在。这充分说明，正是企业创造的价值和意义，使社会明确企业这个组织形态存在的必要性。所以，企业应以创造顾客价值为根本。由此，企业也不应以自身盈利为目的，而是应追求给人们的生活带来真正的价值贡献，当企业做到这一点时，盈利就会成为必然的结果。爱迪生的贡献不仅仅是发明电灯，更是创立 GE，这家企业的存在让人们感知到电气的价值。同样，贝尔的贡献不仅仅是发明电话，更是创立 AT&T，这家企业连同贝尔实验室又衍生出更多像贝尔一样的发明者和创业家，从而有了更多的通信企业。福特汽车更是引领了汽车时代的到来，改变了人们的出行方式。这些就是企业的价值创造。因为有了企业这个价值创造载体，顾客才得以感受到更多生活的美好。如果没有企业，也许很多美好事物都不会在我们的生活中出现。我们常说"生意"，其实生意是生活的意义，企业是要创造美好生活的，要惠及人类和社会，这是做生意要明确的根本之道，企业不能偏离这一原则。

德鲁克在《管理的实践》中也直截了当地表明了自己的立场：企业只有一个目的，那就是创造顾客[⊖]。所有背离顾客价值的选择都是错误的，如果企业不能把战略的原点放在顾客价值上，那么它一定会被顾客淘汰。

⊖ 德鲁克. 管理的实践［M］. 齐若兰，译. 北京：机械工业出版社，2008.

商业模式如何确立

基于战略的选择，企业会构建独特的商业模式，借助商业模式的竞争力，企业得以与同行区隔开来，并拥有了与顾客连接在一起的条件，因此，商业模式既是企业战略具象化的一个表现，也是顾客和市场认知企业的载体。借助对商业模式的理解，我们可以理解一家企业的战略发展，也可以了解该企业真正的竞争力来源。

什么是商业模式？商业模式是一个组织建立顾客价值的核心逻辑。任何一个商业模式都是一个由顾客价值、企业资源和能力、盈利方式构成的三维立体模式。由哈佛大学教授马克·约翰逊（Mark Johnson）、克莱顿·克里斯坦森（Clayton Christensen）和思爱普公司的 CEO 孔翰宁（Henning Kagermann）共同发表的期刊文章《如何重塑商业模式》把这三个要素概括为："顾客价值主张"，即在一个既定价格上企业向其顾客或消费者提供服务或产品时所需要完成的任务；"资源和生产过程"，即支持顾客价值主张和盈利模式的具体经营模式；"盈利公式"，即企业用以为股东实现经济价值的过程。 ⊖

⊖　JOHNSON M W，CHRISTENSEN C M，KAGERMANN H. Reinventing your business model [J]. Harvard business review，2008.

长期从事商业模式研究和咨询的埃森哲公司认为，成功的商业模式具有三个特征。

第一，成功的商业模式要能提供独特的价值。有时候，这个独特的价值可能是新的思想，而更多的时候，它是产品和服务独特性的组合。这种组合要么能向顾客提供额外的价值，要么能使顾客以更低的价格获得同样的利益或者以同样的价格获得更多的利益。

第二，商业模式是难以模仿的。企业通过确立自己的与众不同，如对顾客的悉心照顾、无与伦比的实施能力等，来提高行业的进入门槛，从而保证利润来源不受侵犯。比如，沃尔玛公司是折扣连锁企业的标杆，其商业模式广为人知，人人都知道它是如何运作的，但也都知道这个模式是很难复制的，原因在于沃尔玛"低价"的背后是一整套完整的、极难复制的信息资源和采购及配送流程。

第三，成功的商业模式是脚踏实地的。这个道理看似不言而喻，却并不容易践行。现实中，很多企业总是希望找到机会快速成长，总是希望在别人的错误中获得商机，总是想寻找捷径，却不愿意在市场、顾客、产品以及质量和服务上踏踏实实地做出努力并持之以恒，这导致很多短期行为甚至伤害顾客和市场的行为出现。

由此可见，关于商业模式，组织要着重考虑以下要素：

- 竞争地位中所采取的价值主张。
- 选择或者放弃的市场细分。
- 从实施的活动或利用的资源中获得价值链和最终成本。
- 收入模式和最终盈利潜力。

1. 竞争地位中所采取的价值主张

企业的价值主张能直接被顾客感知到，顾客在使用产品的时候，可以感受到企业对于质量的追求标准是否具有行业领先的水平和对于顾客的忠诚度。简单地说，企业的价值主张是企业连接顾客、区隔同行的关键要素。我常常感叹于迪士尼乐园的商业选择，它高举儿童娱乐的大旗，带来的是顾客的忠诚和满意。当这种价值主张被顾客感知并得到商业确认时，这种能带来顾客价值的商业选择就不仅影响着人们的文化生活，还影响或带动着一个区域的经济增长。

2021 年 6 月 16 日上海迪士尼迎来开业 5 周年，迪士尼发布了过去 5 年的一系列数字：5 年售出 577 万个毛绒

玩具、超过 440 万只汉堡，电影《冰雪奇缘》的主题曲
《Let it go》总计唱响超过 17000 次。而根据中国旅游研究
院发布的《共建美好生活·共享快乐旅游——上海迪士尼
度假区快乐旅游趋势报告》，2016 年 6 月至 2019 年 6 月，
上海迪士尼乐园消费对上海全市 GDP 年均拉动 0.21%。[⊖]

2. 选择或者放弃的市场细分

市场细分实际上是企业深入顾客层面的安排，企业只
有不断地深入细分市场，才能了解顾客，才能确定什么是
顾客的真实需求。比如，宝洁对目标顾客有着精准的定位，
宝洁知道自己努力的方向，知道自己的顾客生活在什么样
的环境里，知道空气、水、饮食以及气候的差异，各种细
分市场由此被宝洁牢牢锁定。宝洁为此所做的努力被这些
细分市场的顾客感受到，因此获得了不错的市场份额。

3. 从实施的活动或利用的资源中获得价值链和最终成本

对成本以及供应管理的理解是企业获得顾客的基础。

⊖ 市界观察. 上海迪士尼乐园五周年：雇超 1.2 万演职人员，疫情前
年营收达 70 亿［EB/OL］.（2021-06-18）. https://baijiahao.baidu.
com/s?id=1702861016318056259&wfr=spider&for=pc.

对很多企业而言，关注顾客的持有成本以及价值链的价值贡献是构建产品和服务的前提条件，对于这个问题没有准确认知和把握，企业就不可能具备理解并满足顾客需求的能力。举个例子，英特尔公司的成功从根本上来说是英特尔的成本模式以及价值链模式的成功，英特尔独特的创新能力组合在成本模型中，并体现在对价值链的贡献上。

4. 收入模式和最终盈利潜力

能够合理有效地与资本结合是战略的要素之一，如何发挥资金的效用，如何保持持续的现金流量，如何持续盈利，是企业需要慎重考虑的要素。这些问题的解决有赖于企业收入模式的安排，而收入模式的确定依据是顾客愿意支付并有能力支付，所以，企业最终能否获得潜在的盈利能力取决于其能否符合顾客的利益与价值判断。而这些努力需要企业在其所处的价值链中具有一定的地位。在商业模式中被称为价值网络的部分是连接产品与最终消费者的上下游活动，企业只有打造出有效的价值网络使最终消费者愿意和企业互动，方可获得持续的竞争优势。

商业模式四个基本要素的组合是企业战略的基本层面，任何一家企业都应该不断地问自己，这四个要素是否在不断地强化和累积。我常常借用迈克尔·波特的经典理论来提醒企业：

取得卓越业绩是所有企业的首要目标，运营效益（operational effectiveness）和战略（strategy）是实现这一目标的两个关键因素，但人们往往混淆了这两个最基本的概念。运营效益意味着相似的运营活动能比竞争对手做得更好。战略定位（strategic positioning）则意味着运营活动有别于竞争对手，或者虽然类似，但是其实施方式有别于竞争对手。几乎没有企业能一直凭借运营效益方面的优势立于不败之地。运营效益代替战略的最终结果必然是零和竞争（zero-sum competition）、一成不变或不断下跌的价格，以及不断上升的成本压力。⊖

这是非常深刻的道理——运营效益与战略是取得卓越业绩的两个关键因素，在过去 40 年中，很多中国企业都取得了非常好的业绩，即使在今天它们也依然是行业的领先者，但是千万不要把业绩卓越作为唯一的目标，这只会使企业获得暂时性的胜利或者阶段性的胜利，持久的胜利有赖于企业将战略定位成"为顾客创造价值"。

⊖　PORTER M E. What is strategy [J]. Harvard business review, 1996, 74（6）：61-78.

战略本身就意味着做出艰难的抉择，意味着企业要选择那些有利于自身发展的事情。战略思维就是这样一种思考方式，它需要确认什么是最重要的，确认企业最后选择的方向能够实现最初确定的目标，所以，战略思维是围绕着实现顾客价值展开的选择。战略思维不是解决企业当前的问题，而是解决企业目标所带来的选择问题。战略思维让企业关心企业存活的根本依据，让企业有能力清楚地界定盈利来源，让企业明白自己能够做什么和不能够做什么，简单地说就是选择自己应该做什么。

由此我们可以明白什么是真正的商业成功，真正的商业成功实质上就是在使顾客满意的同时使企业盈利。这是商业成功的真理和衡量标准。亨利·福特说人们开始并不需要那么多款车，所以要全力做好一款让顾客满意的汽车，于是有了物美价廉的黑色 T 型车。这款汽车在为千家万户带来汽车生活的同时，也让福特汽车积累了大量利润。正是因为有了足够的利润，后期福特汽车在遇到困境重组管理团队时才有了充分的现金保证。比尔·盖茨用微软为人们带来了新的视窗，同时赢得了大量财富，这也为微软后期的转型提供了充分的保障。乔布斯始终追求简洁、创新，他甚至不听顾客的话，可他并不是不在意顾客需求，而是努力让苹果更了解顾客。他的简洁直击关键顾客价值，并由此做到在让顾客感到欣喜的同时保持了自身的高利润。这些伟大而充满智慧的商业成功，无不遵循了这个真理。

战略思维及其逻辑

对一家企业来说，解决问题应该是第二位的，排在第一位的是选择做什么和不做什么，也就是回答战略的问题。这意味着，企业要先回到战略思维方式上，再落到管理理念上解决问题。因为企业要面对的问题是层出不穷的，面对问题本身就是管理的职责，但是问题并不是影响企业生存的关键，企业生存的关键是如何做出战略的选择。战略决定命运。

战略思维就是选择不做什么

战略思维与管理理念有着根本区别，战略首先是选择，这种选择决定命运。战略意味着做出艰难的抉择，选择那些有利的事情，而管理则是那些你不必做选择而必须面对的事情，它事关各种业务的处理方式。战略思维要求企业经营者这样思考：问题一，你想做什么？问题二，你想做的事情凭借什么条件可以做？问题三，你有什么？问题四，你缺什么？关键的问题是：你要做些什么？而管理理念则要求经营者在遇到任何问题时都要找到解决的办法，管理没有对错，只有面对问题，解决问题。因此，不管遇到什么问题，战略思维要求经营者先问自己"我想做什么"，而不是问自己"我如何解决问题"，后者属于管理理念。

企业经营者若只能看到面对的问题，只知道解决问题，是非常危险的。如果企业努力的方向是解决所面对的问题，其经营者一定是只顾管理的人。在今天，信息流和资金流以惊人的速度运转，只会管理的企业前途难测。更糟糕的是只以管理为中心的做法，这会导致企业陷入故步自封的状态。如果人人都想竭力解决问题，必然会使企业根据自己的能力来决定产品。过去几年，技术发展带来的行业格局调整使很多曾经占据领先地位的企业被淘汰，这就是只顾管理而忽略战略的结果。

战略思维就是选择不做什么。1997 年开始，我进入更深入的企业咨询活动，在了解康佳的购并、TCL 的运作、科龙的文化、美的的战略之后，我理解了德鲁克曾经说过的一段话的深刻含义："从法律上和财政上的意义（不是从公司结构及经济上）来说，现在有 120 年历史的公司将活

不过 25 年。"[⊖]

我在讲学的时候常常以这段话为开篇来讲战略的问题，大师告诉我们在企业发展过程中有两点是必须保证的，用我的理解来说就是法律保守和财务保守。这是做企业的两个基本前提，如果违背了这两个前提，已经活了 120 年的大企业也不会再活多久，更何况中国的很多企业还没有活到 120 年的呢！这里明确表达的是：战略是在法律保守、规则保守和财务保守的前提下的选择，换个角度说就是战略要求企业不做违背法律和规则的事情，不做财务冒进的事情，这是战略思维的首要选择。如果你具备战略思维，就应该具备这样的自我约束能力，这会强化你的企业抵御风险的能力。

不要急着解决问题，应该先回答自己到底要做什么。进入 21 世纪后，中国经济和中国企业都以极高的速度发展。2004 年中，我作为六和总裁，到美国拜访一些同行，美国联合饲料公司的总裁问我："为什么美国企业的成长夹角只有几度，而你们企业的成长夹角有的超过 90 度？"我不知道该如何回答，如果我告诉他我们运气好，似乎降低

⊖ 德鲁克. 下一个社会的管理［M］. 蔡文燕，译. 北京：机械工业出版社，2009.

了中国企业的水平，但中国企业之所以拥有比美国企业更快的发展速度，在很大程度上的确是因为运气好。可是，如此高速的增长却掩盖了中国企业战略能力的缺失这样一个极为关键的问题。我很想劝中国企业不要急着追赶世界 500 强，向世界级企业迈进；也不要急着说"别人都是品牌企业，我们也要做品牌"；更不要认为有了 2000 亿元的销售额就是世界强者之一。虽然现在的企业发展很快，但是我们会发现，有的企业增长到一定规模就不增长了，甚至出现问题或衰退，这正是因为企业没有做出正确的战略选择。

美的的做法很值得赞赏和学习，这家企业几十年来专注于家电领域，同时从珠三角出发一步步在市场上成长，而当方洪波执掌这家千亿企业时，他率领集团斥巨资用十年时间进行数字化转型，这个投入在当期规模并不显现，但美的还是愿意做，因为这是正确的事情，是支撑未来成长的关键。这家顺德企业喊的口号并不多，但是一直坚持踏实地做对的事情，对它来说，规模只是结果。而因为有正确的事情做前提和准备，其规模相对更稳定，更具备持续成长性。

我想，高速的市场发展带来的一切好处，我们都该抛开并沉静下来思考：在战略上我们做了什么，没有做什么？真的不要急着解决跨国企业正在解决的问题，它们能够解决这些问题是因为在战略上它们已经不存在缺失，看看沃尔玛的全球供应链效应、微软实现顾客价值的能力、宝洁对消费者的深刻理解，你该明白这不是低价的问题，不是创新的问题，也不是多产品的问题，而是战略的坚实基础的问题。

也许有人会提出异议，说企业没有管理理念怎么能行？我不反对这个说法，但是，我更强调，企业首先要有战略思维，其次才要有管理理念。企业领导者必须学会先思考要选择做什么，再思考解决什么问题及如何解决问题。

企业的战略选择还要与环境匹配。大部分企业因为没有解决好与环境匹配程度的问题而丧失了未来的市场和机会。摩托罗拉在数字时代依然坚信模拟信号的价值，结果在短短几年时间里就被诺基亚超越，痛失手机行业的龙头位置。而当手机作为智能终端进入人们的生活时，诺基亚依然因自己在手机产品上的规模效应而自傲，没有很好地与环境互动，于是在 2012 年第 1 季度从全球手机龙头老大的宝座上跌落下来。因为与环境互动的能力不足而失去行业优越地位的企业比比皆是。另一个典型的例子是柯达，这个昔日著名的成像公司，因为无法适应数字时代的到来，悲伤地淡出了人们的视野。环境作为直接影响组织绩效的外部力量，对于企业的持续发展产生着越来越大的影响。我真的担心中国企业也和摩托罗拉、柯达一样，还在坚信成本优势、规模和资源投放，事实上，今天的环境已经发生了巨大的变化，复杂程度也增加了很多，更重要的是消费者在发生着巨大的变化，企业需要根植于环境来具体地选择战略，企业战略需要保证企业能够顺应环境的趋势。企业与环境是互为主体的，企业如果不能顺应环境的变化，不能与环境互动，就不可能具有竞争力，正是每一次对环境变化的深刻理解，才使得那些领先的公司始终保持领先。所以，具有战略思维的企业一定是能与环境互动的企业，它们会了解到环境的变化，以变化为战略的依据和选择的前提，知道应该选择做什么和选择不做什么，能够引领变化并利用变化。

战略必须是顾客导向的

有一个无可辩驳的真理，那就是所有有效的企业战略都是顾客导向的，都要遵循一条永恒的规则：企业的目的就是创造和留住顾客。德鲁克这样告诫我们，市场中领先的卓越企业也这样告诉我们。

　　宜家就是典型的例子，这家公司以顾客的需求为企业战略的焦点，所有资源都围绕着为顾客创造价值展开，从CEO到仓储人员，每位员工都清楚顾客的需求，也了解自己在服务顾客上所扮演的角色，正因为如此，宜家能在全球各地取得成功也就不足为奇了。而在提供顾客关系管理软件方案的Siebel公司，顾客同样是焦点，该公司的CEO托马斯·希贝（Thomas M.Siebel）说，他有60%的时间都在和顾客接触，重视顾客价值的观念出现在公司的大厅、通道以及公司的所有海报、信件和年度财报的封面上，每一季度公司都会请顾客为公司的服务评分，业务员的表现也以"顾客满意度"和"业绩达成度"作为评估的基础。[○]这两家企业都以顾客导向来确定自己的战略，并以此获得了领先的市场地位。

　　如果进一步回顾宜家的创业历史，我们会更加清楚地看到顾客导向的战略逻辑。顾客导向的战略逻辑就像是这家公司的基因一样扎根于事业的源头并指引组织发展，对于企业做什么、不做什么，甚至如何来做，它都会给出清晰的答案，并且是可以直抵商业成功的简洁有效的答案。

　　○　希贝. 客户至上：Siebel总裁解析十大成功案例［M］. 梁泫洁，罗惟正，译. 北京：机械工业出版社，2002.

　　宜家在官方网站的介绍中写道："每一个成功的故事都有一个开端。"[一]1943年，17岁的英格瓦·坎普拉德（Ingvar Kamprad）在家乡创立了宜家，宜家的创业逻辑始于创始人的一次发问："美观的产品为什么只有少数人能享受？一定可以设法以实惠的价格为大众提供设计精巧、功能实用的产品。"从中可以看到，因为顾客导向的战略逻辑，宜家对于做什么有了清晰的安排。更有意思的是，对于宜家凭什么能做到这一点，仍然是顾客导向的战略逻辑提供了答案——"平板包装"这个简单而又伟大的创意。

　　宜家最早是通过邮购目录来销售家具的，笨重的家具运送到顾客那里时常常会受到损坏，这导致宜家的物流和产品成本高昂。对于这个顾客痛点的关怀让宜家有了一个"简单"办法，即卸下桌腿，这就是"平板包装"的伟大创举。这个创举保护了产品，降低了顾客的购买成本，在为顾客创造价值的同时也让宜家有利可图，由此为宜家成功的商业模式奠定了基础。这就是顾客导向的战略逻辑，即沿着顾客价值发现问题和解决问题。宜家的成功原因在战略上非常明确，除了本部分所述的基于顾客价值的战略选

　　○　https://www.ikea.cn/cn/zh/this-is-ikea/about-us/wo3-men-de-gu4-shi4-pubad29a981.

择，还有在战略执行上的价值网络能力，本书将在第 6 章的宜家案例中对此论述。

为什么公司需要顾客导向的战略而不是其他战略？原因是今天的商业运作技术突飞猛进的变化，使得产品生产更加快速与经济，而数字化也在改变着数以千计的公司，信息技术带来数百种市场形态，新的技术能够帮助顾客越过中介，直接上网获取商品，节省了许多时间和金钱。这一切是事实，同时也让我们清醒地看到，领先的公司才能超越这一切。毕竟，技术只是部分要素，不断改变的状况才促成更多的变化，对顾客而言，所有的转变指向的是更多新选择，而对经理人来说，则需要学会不被技术和变化迷惑，要运用顾客的标准来进行调整。

洞察下一个机会

多年前吉利并购沃尔沃引起广泛关注，但今天大家讨论更多的话题甚至不再是传统汽车，而是新能源智能汽车。在沃尔沃被出售的年代，真正酝酿下一个机会的是特斯拉。对于下一个机会的洞察，让特斯拉包括这个新产业成为今天的焦点。当然，今天吉利等中国传统车企都在向新能源智能汽车的方向努力，这可能会让我们得到更多机会。

观察那些成功的、持续领先的企业，我们会发现它们的领导者都具有非凡的远见和魄力，如 IBM 的郭士纳、海尔的张瑞敏，他们总是在不断洞察下一个机会。他们能清醒地面对变化，提前做准备，从而以未来决定现在。人们认为卓越企业的成功源于它们创造性地开辟了新的商业领域，其实，这些成就在很大程度上归因为创新能力的发挥，以及对于顾客价值实现的远见卓识，而创新成果的转化则依赖于企业领导者的判断和远见。没有领导者不断地超越自身、超越环境，企业是不会获得创新带来的成效的。

1993 年，郭士纳出任 IBM 总裁，当时的 IBM 纯粹是一个硬件厂商，故步自封、坚信自己的技术，分公司各自为政，管理零散。郭士纳认为，当时他们面临的最大挑战是要让 IBM 的战略、结构和文化适应不断变化的世界。他对员工们说，他不能保证这一历程会简单快捷……他们采取的步骤将大刀阔斧而非小心翼翼。[⊖]怀着这样的决心和意志力，郭士纳带领 IBM 迎接环境的改变，引领全公司完成以顾客为先，成为技术与服务方案提供商，全球整合业务，全球共用管理系统的全面转型，使 IBM 摆脱了破产的

⊖ 郭士纳. 谁说大象不能跳舞? [M]. 张秀琴，音正权，译. 北京: 中信出版社，2010.

危机。

张瑞敏不断用"自以为非"的格言引领海尔迈向未来，不断告诫海尔人不要止步于当下的满足。海尔官方网站上梳理了海尔发展的六个战略阶段⊖。第一阶段是名牌战略阶段（1984～1991年），以"砸冰箱"为标志，创出中国第一个冰箱名牌。第二阶段是多元化阶战略阶段（1991～1998年），以海尔文化激活"休克鱼"模式，创出中国家电第一品牌。第三阶段是国际化战略阶段（1998～2005年），海尔成为中国品牌走向全球的代表，创出中国的世界名牌。第四阶段是全球化品牌战略阶段（2005～2012年），以国际化战略为基础，整合三洋电机、斐雪派克、GE家电、卡迪（Candy），创出全球最大的家电品牌集群。第五阶段是网络化战略阶段（2012～2019年），海尔变成网络上的一个节点，实现从"制造产品"到"孵化创客"的转型。第六阶段是生态品牌战略阶段（2019年至今），海尔从传统时代的产品品牌，到互联网时代的平台品牌，直至发展成为物联网时代的生态品牌。在这个

⊖ 海尔官方网站."人的价值最大化"贯穿海尔发展六个战略阶段［EB/OL］.（2020-06-30）. https://www.haier.com/about-haier/intro/?to=2&spm=net.31734_pad.header_138939_20200630.2.

清晰的成长脉络中，2012 年是一个特别的时点，作为一家庞大的传统家电企业，海尔开始让自己真正融入互联网时代。今天，海尔进一步提出了要致力于为顾客"定制美好生活"，这种看似不可思议的畅想也许就是中国企业的下一个机会，未来可期。

战略的执行

今天，中国企业需要考虑战略"归零"的问题，要回归公司经营的基本面，重新思考原有战略的合理性，来重新选择做什么和不做什么。

战略归零，夯实两个基本面

结合对中国家电企业近 20 年的战略思考，再比较韩国三星 20 年的战略布局，我认为，应从两个基本面出发对中国企业 20 年的发展及遇到的瓶颈做出反思。

第一，企业的努力方向是否和行业发展的内在规律相契合。家电属于日常消费品，家电产品的消费特征决定了这是一个规模性行业，市场必然会集中到"寡头"手里。与国际大型家电制造商相比，中国家电企业必须为规模而努力。因此，不论是家电品牌相互间的购并，还是家电行业与其他行业或者资本市场的结合，只要是为规模而努力的企业，我觉得它至少有第一个存活的理由。回看海尔、TCL、美的、格力等家电企业这些年的举动，我们可以先大致判断其方向是否正确。若是方向对了，再看它的手段在当下的环境中是否可行。若是方向错了，一切就不足为论。

对于行业发展规律的认识是非常关键的，这个认识不是对行业自身的逻辑判断，而是对行业与顾客之间的关系的判断。我们必须清晰地理解：行业所服务的顾客的真实需求是什么？什么才是顾客无可替代的选择？例如中国的房地产行业，今天有些房地产企业遇到了瓶颈，或者说生意比以往要更难做一些，这实际是行业的成长规律在发生变化。过去中国房地产行业的内在发展规律是土地资源和资金资源发挥了巨大作用，把握住这两个关键要素，企业就能得到强有力的发展。但是，现在房地产行业的关键要素是顾客、资金有效性以及供应商价值链打造，只有拥有这三个要素，企业才会获得持续发展。如果一家房地产企业还停留在以往的经验中，就会被动。对企业而言，最关键的是，是否真的在行动中完成了发展规律的切换，是否真正切中今天行业的规律。所以,房地产企业的成长不应仅仅是规模的变化,而应是让驱动成长的关键要素发生改变,如碧桂园所表达的"希望社会因我们的存在而变得更加美好",就是一个颇具价值的表率。如果有更多行业内的企业拥有这种内在动力并为之展开切实行动,那么这个行业一定会因遵循内在发展规律而创造出更多社会期待的价值。

第二,企业如何设计产业价值链。一家企业从追随者成长为领导者,关键在于它设计产业价值链的能力。它必须关心产业价值链的分布,要知道它的供应商在哪里、渠道在哪里、消费者在哪里以及员工在哪里。

设计产业价值链,并不意味着从原材料到终端渠道都要由一家企业"包办",自我投资、自我建设。这种"一应俱全"的想法是产品中心式思维。观察那些发展强劲、持续增长的企业,我们会发现它们一定是产业价值链的管理者,并且具有创造价值的能力,英特尔、可口可乐、IBM、微软、苹果等都是如此。而无法保持持续增长和顾客价值创造的企业,其失败则源于战略之误,比如忽略对供应商的管理,这导致它们无法成为产业价值链的管理者。

有时候我们会特别在意自己得到的利益,而忽略了产业链上利益相关者的价值共享，这不是一种战略性思维模式。所谓战略性思维模式是：企业选择自己价值贡献最大的部分去做，不做贡献价值小的部分，转而寻找能带来最大价值共享的合作者和产业联盟。在大部分中国企业的战略中，对于分销渠道的价值共享设计会摆在重要的位置，而努力培养供应商很少出现在战略中，因为后者无法立即看到成效。但是，企业需要调整自己的思维方式，不要把生意当成终端的游戏，要拥有在全球范围内整合供应商的能力。

用运营能力支撑战略

因为疫情，不少企业都遇到了经营挑战，沃尔玛的案例或许可以给我们提供一些启发。沃尔玛的代表性在于，一方面，其拥有再普通不过的"生意经"，就是用低价格或者说是平价提供好的产品，这的确是一切生意的基本规律，精准契合了顾客价值；另一方面，其战略成功的关键其实是运营能力，这是它真正与众不同的地方，是它常年努力建设的力量。而这样的实力在危机中往往会格外显现，或者说，危机会检验真正的实力。2022 年，沃尔玛营收为6113 亿美元，同比增长 6.7%，在疫情期间仍做到了逆势增长，这就是真正的实力。这种实力让沃尔玛可以经受和超越不止一次挑战，持续成长。这启发我们要努力打造自身实力，更要意识到，这样的实力并不仅仅是在危机期间积累出来的，而是来源于日复一日、年复一年的运营坚持。

　　每当想到这一点，沃尔顿团队勤奋工作的画面就会在我的脑海中浮现出来。"从一开始我们就每周一次把所有的分店经理聚集起来进行自我批评，那实际上就是我们的采购机制。每个星期六一大早，一大群分店经理就聚集在一起，也许是在本顿维尔，也可能是在某个地方汽车旅馆的房间里。我们会回顾上周采购的货物，看看在上面花了多少钱。我们会筹划促销活动，挑选我们计划购进的商品。我们实际上正是在制订我们的销售计划。这种方法非常有效，这些年，我们发展壮大、成立了公司，它已经成为我们企业文化的一部分了。我想那就是我们周六晨会的前身。我们想让每个人都知道接下来我们要干什么，想让每个人都了解我们曾犯下的错误。当某个人犯下严重错误时，不管那个人是我本人还是别的什么人，我们都会讨论、承认错误，试着找出改正的方法，然后投入到第二天的工作中去。"⊖这就是沃尔顿记录的他们日复一日的运营工作，朴

　　⊖ 沃尔顿，休伊. 富甲美国：沃尔玛创始人山姆·沃尔顿自传［M］. 杨蓓，译. 南京：江苏凤凰文艺出版社，2015.

素，但务本，长年累月下来，为战略实现提供了强大持久的支撑力量。日复一日的运营努力不仅能帮助我们克服今天的挑战，还会因为运营能力的积累而使我们在下一个挑战来临时有稳定甚至与众不同的卓越表现。

在运营能力上，供应链管理和现场管理成为实现战略的关键能力。在了解宝洁的商业模式时，我被它的"颠倒金字塔"商业模式吸引。这是宝洁和零售商协作的一项创新。宝洁与外部协作创新的一种重要形式就是和沃尔玛、家乐福、麦德龙等大型零售商合作，通过创新为购物者创造价值，同时使这些零售商获得内生性增长。

如今，宝洁负责与沃尔玛合作的是一个跨部门团队，包括营销、财务、供应链 / 物流以及市场研究等领域的专家。这一商业模式的变革始于 1987 年，做出改变的前提非常简单，就是更好地满足顾客的需求，降低供应链上的成本，使双方都得到增长。宝洁将这一对购销模式实施的创新称为"颠倒金字塔"。过去双方是通过金字塔的一个点，即采购人员与销售人员进行沟通与合作的，而把金字塔颠倒之后，双方的各个部门都开始对口沟通，共同规划。这个时候，双方是专家对专家，大家使用共同的语言，目标及衡量的手段也一样。

　　这个全新的厂商模式也是沃尔玛成功的关键，这个模式不仅让宝洁获得成功，也让沃尔玛的所有供应商获得成功。2004 年我们曾出版过一本名为《争夺价值链》[⊖]的书，我们写这本书的诱因是大型跨国零售企业来到中国市场后给中国制造业带来了压力，在书中主要分析了沃尔玛和家乐福等在中国市场的做法——是争夺价值链，还是共享价值链。沃尔玛的方法就是共享价值链。这两种做法最关键的区别是，零售商到底是从自己的能力出发做经营，还是从顾客的价值出发做经营。沃尔玛的做法更好一些：先看顾客需要什么样的产品，需要什么样的价格，再一起看哪些供应商能够满足这些要求，然后下订单付定金，按时付钱帮制造商把货销掉。

　　沃尔玛是从降低渠道成本的角度为实现自己的战略展开工作的。在沃尔玛的认识中，减少不必要的渠道费用，让生产厂商的产品最直接地到达顾客端，是最有效的。为此沃尔玛做了很多努力，比如，构建信息系统，租用卫星做全球配送，让所有销售信息与每一个供货厂家联系在一起，使每一个销售信息和每一位顾客的需求都能第一时间

　　㊀　陈春花，赵海然. 争夺价值链 [M]. 北京：机械工业出版社，2016.

传递给生产厂商，使生产厂商能够按照顾客的需求进行生产，减少不必要的浪费。同时，沃尔玛还利用集中发货仓库，每天都提供低价商品。发货管理、配送管理和全球卫星联机的管理信息系统等管理方法，看似平淡无奇，却让沃尔玛的采购成本比同行低 1%。

除了供应链管理外，沃尔玛更令人敬佩的是其现场管理水平。百货卖场的现场管理通常是非常琐碎和繁杂的，但也正是现场管理水平决定了其运行效果和成本能力。沃尔玛深知这一点，因此在现场管理中没有任何懈怠，无论是每一个员工的效率，还是服务的质量，抑或是货架和顾客购买路线的设计，都是按照顾客的思维习惯安排的。同时，沃尔玛还非常关注人员的合理设计以及销售面积的设计。可以说，现场的每一个管理细节背后都有很详尽的分析和安排。

过去几十年，没有任何公司能成功地模仿沃尔玛，因为它的成功基于简单的管理规则，关键在于执行这些规则而又不墨守成规。人们只能看到沃尔玛的低价策略，却无法了解到低价并不是其策略的真正核心，其策略的真正核心是"为顾客省钱"。围绕着这个核心，沃尔玛从自身管理能力出发寻找答案，它没有降低供应价值，也没有降低产品的价值，而是降低了供应链中不必要的成本，降低了管理本身带来的成本。这才是我希望中国企业了解的沃尔玛成功的关键。

重视效率和技术

如何重新认识经济增长的来源是目前发展的一个关键问题，长期以来，我们只是关注到了规模这个要素，但是在规模之外，还有一个要素更需要认真对待，这个要素是"全要素生产率"。

全要素生产率对经济增长率至关重要，从经济增长率的公式中就能看出这一点：

经济增长率 = 劳动投入的贡献 + 资本投入的贡献 +

全要素生产率

全要素生产率是用来衡量生产效率的指标，它有三个来源：一是效率改善，二是技术进步，三是规模效应。改革开放之初，劳动投入的贡献是显而易见的，劳动力带来的竞争力帮助中国企业获得了在世界市场上分工的机会。进入 21 世纪后，资本投入的贡献开始显现出来，借助资本的力量，中国企业有了进入市场的机会。然而，在全要素生产率上，尤其在效率和技术方面，我们却有着明显的差距。

改革开放初期，我们常谈 GDP、经济增长率、外贸总额、投资总额等指标，"生产力质量"和"技术基础"的概念相对弱势，但是我们不能忽略它们。

1. 生产力质量

生产力永远是具有决定性和限制性的因素。如果仅以增长为衡量的指标，忽略了限制性因素，那么生产本身可能是破坏性的。我们需要引入的生产力观念是：一方面能对投入与产出的一切努力都加以考虑，同时又能根据产出关联的制约因素来约束所有实际投入，而不是假定有了投入与产出就拥有了生产力的有效结果。事实上，我们更需要关注的是产出所产生的巨大影响，尽管它们也许无法用数字来衡量。

在生产力质量上，我们首先要关注的是资源因素。人们在战略上选择的究竟是持续不断地使用各种资源，还是有限度地使用资源，会直接影响到生产力。其次是能力因素，在中国制造系统中，很多企业都是全功能、全流程式经营，在人们的认识上，最好所有环节都由自己掌握。但是，任何企业、任何管理者都有其能力天花板和局限性，企业或者管理者试图超越自己的能力天花板和局限性，也许就意味着失败的开始，而能够体察自己的局限性，也是生产力要素之一。最后是组织结构因素，各种活动之间的平衡会深刻影响到生产力，如果不能合理、明确地界定组织结构与分工，而是只向自己喜欢的方向努力，就会造成生产力缺乏。以上三个因素在衡量生产力质量的指标中并没有显现出来，缺乏这样的指标正是经济统计的一大漏洞。

2. 技术基础

同样被忽略的还有"技术基础"，技术所产生的影响是明确而无须解释的，技术对于经济增长的贡献也是清晰无疑的，问题是我们是否真正了解技术对经济增长的本质影响。如果仅仅以为技术投入与经济增长是相关的，忽略了对技术基础的明确理解，那么这样的经济增长是非常危险的。很多人把技术与竞争、劳动力过剩、资本需求增加等联系在一起，这是错误的。技术并不意味着竞争优势，也不会造成劳动力过剩，更不是资本投入的增加，从根本意义上讲，技术是一种控制的观念。技术使个人或者企业的局限性有了根本改变，技术能真正实现高度分权、弹性和自我管理，技术能在手段和目的、投入和产出之间保持平衡。如果不能如此理解技术并以此作为经济增长的基础保障，那么增长的方向和方式本身就存在着先天缺陷。

基于上面的阐述，企业管理者需要调整自己对于发展要素的认知，要认识到一味追求规模会导致更为关键的要素被忽略，特别是在资源日益稀缺、技术和创新日益重要的环境中，效率提升和技术进步所呈现出来的价值以及它们对企业竞争力的影响需要管理者持续关注，并为此做出努力。

提升系统能力：从价值链到价值网络

中国企业最早是以"成本＋质量"获得产品的竞争优势的，并因此获得了在中国本土市场以及国际市场的分工。在此基础上，领先的中国企业以"供应商＋渠道"获得了价值链的竞争优势，由此拥有了自有的品牌以及融合资本的能力。今天，借助企业价值链的发展，具有竞争优势的企业需要有能力构建商业平台，而其特征在于"产业价值＋技术增值"。

塔尔公司正是运用价值网络的协调能力占有美国所有礼服衬衫销售市场的1/8的。在塔尔公司，一件衬衫交由上百家原材料供应商、加工工厂和店铺同步完成，而顾客以正常的价格得到定制的衬衫。eBay的前首席执行官惠特曼描述eBay的企业战略时说，eBay是一个联系买家和卖家的市场，从根本上讲，它提供了一个全球性的在线交易平台，任何人都可以通过这个平台进行各种产品的交易。[⊖]塔尔公司和eBay一样，都是借助商业平台的开放性构建价值网络，使顾客的价值得以实现。

　　近几年来，由于网络技术的发展，价值链管理成为管理学科的热门，很多企业纷纷开始了基于供应链管理的价值网络构建。通过这些成功的企业，我们可以看出：价值网络上各成员之间的合作关系必须利用顾客利益去驱动和维持，这种方式的形成需要企业在充分考虑自身利益的基础上，通过分享价值形成利益共享的合作关系，以契约的形式进行固化，并在合同中加以体现。这种固化的合作关系不仅能改善供应链性能，为买主提供稳定的供给，为供应商提供稳定的需求，而且能减少事务处理成本，并加强合作。

　　今天，很多领先企业相信价值网络共同体的力量，它们愿意并准备付出必要的时间和精力。它们认为：与价值

　　⊖　桑福德，泰勒. 开放性成长［M］. 刘曦，译. 北京：东方出版社，2008.

网络成员一起经营是一种应对挑战并寻求突破性发展的解决方式和战略。一家企业不可能为所有人提供全部产品，但通过价值网络的构建，企业能更接近这个目标。这能帮助企业创造出一个有利于顾客的环境，并使其始终超越目前的行业水准。

价值网络的建构也是经营学、管理学和哲学的汇集，或者说，它不仅仅是一种行为，还是一种思想，更是企业的一项长期的商业发展战略，通过发挥协同优势帮助企业迎接商业挑战。

多年前，IBM 就提出商业发展的新模式：商业平台的开放成长，这也是产业增值的增长方式。IBM 围绕着价值网络在自身成长方面展开了创新，具有同样追求并获得成功的企业还有我们熟悉的亚马逊。亚马逊有着良好的物流与信息系统，在数字时代，它的进一步创新是搭建起了开放的商业平台，而云计算也体现了亚马逊超强的价值网络能力和协同创新能力。这使其数字能力不仅仅服务于亚马逊自身或零售业，还能协同更多主体进行价值创造。这正体现了《组织的数字化转型》[⊖]一书对战略的重新定义：要

　　⊖　陈春花. 组织的数字化转型［M］. 北京：机械工业出版社，2023.

从竞争战略到共生战略，从彼此之间的优势争夺到协同共生创造价值增长。这是未来战略的发展趋向。

改变与超越

长期保持领先对任何企业都是一个挑战，学者们在研究 100 家最大的跨国工业企业 1912 ～ 1995 年的业绩变化时发现⊖，其中 49 家被收购、破产或者收归国有，31 家继续生存下去，但不再是前 100 强。能够一直保持领先的只有 20 家。这 20 家成功企业普遍的生存之道是：第一，富有创造性；第二，愿意进行改革；第三，能因时制宜，调整业务组合。对管理者而言，如何做出改变和自我超越是必须解决的问题，我认为需要在五个方面做出努力。

基于顾客价值的观念革命

单纯从经营成果本身来看，因为具有市场化机制、吃苦耐劳精神以及快速决策的习惯，中国民营企业获得了很好的市场机会，也赢得了市场空间。很多时候我们把这些

⊖ ORMEROD P. Why most things fail [M]. London：Faber and Faber, 2006.

精神和习惯归结为观念革命，而基于顾客价值的观念革命也是我建议做出努力的第一个方面。人们都相信思路决定出路，没有了思路也就没有了出路，在充满危机和挑战的当下，我们缺乏的不是机会，而是超越自我的心态和观念革命。美国著名消费者行为学家迈克尔·所罗门（Michael Solomon）曾说："要想超越下一次浪潮，必须比竞争对手先想到消费者，并及时认识到他们的心理特点。"⊖

苹果就是如此，苹果比其他竞争对手更早想到消费者的互动需求，并给予了满足。它们没有满足于自己所取得的成果，而是在不断超越自己的道路上，接连创造出超乎消费者期望的产品。在此，我借用乔布斯的观点：我们只是尽自己的努力去尝试和创造（以及保护）我们所期望得到的用户体验。乔布斯阐明了苹果取得奇迹的缘由，也就是不断超越自我，不断进行观念革命。

基于产业价值的思考方式

企业应如何进行思考，是关注企业自身，还是关注企业在产业链中的贡献？思考方式不同，企业在环境中获得

⊖ SOLOMON M R. Consumer behavior [M]. New Jersey: Pearson Education, Inc. 2006.

的地位也会有所不同。任何一家企业的利润突破都离不开三个关键因素：资源、品牌和技术。从资源的角度来看，顾客会关注什么？核心的资源集聚在哪里？与企业的关联如何？这三个问题是认识资源的关键，而不是很多人认为的资金或者人才甚至土地和厂房，真正的资源一定是顾客层面的判断。而品牌和技术则取决于企业品牌是否只是具有规模优势、核心价值的技术优势是否建立。这是目前企业获得增长和市场地位的标志。因此，企业的出路有两条：要么控制资源，要么聚焦技术突破或者品牌营销。

这就要求企业的思考回归经营的本质，也就是顾客价值、成本、规模、盈利这四个基本要素。企业管理者应从理解企业所处行业的本质开始，判断未来一段时间这些行业的本质将如何改变，以分析企业现有的核心能力是如何实现的，企业是否还需要在行业本质上做出努力，以及必须做出努力的方向是否清晰。

中国民营企业在降低成本上所做的努力使其有机会成为全球成本领域的佼佼者，问题是今天所有企业都已经无法在成本优势上获得成功。新的竞争环境仍然要求民营企业有能力保持成本的竞争优势，但是这种优势不再简单来源于劳动力、土地资源或者政策，而是来源于企业对产业价值的认识，以及企业在产业价值链中地位和整合产业价值链的能力。

基于竞争特征的行动方案

任何企业的行动最终都会体现在市场竞争上。以往的市场竞争多是显性的竞争，即基于终端市场对顾客即时购买的争夺，大部分中国民营企业都具有这方面的优势。但随着技术升级和消费群体的日益成熟，竞争的主要方式有了根本性变化，竞争不再是价格和服务的竞争，也不再是渠道和促销资源组合的竞争，而是在市场调研、用户研究、用户互动、用户细分、营销策略、技术储备、产品研发、品牌渗透等各个领域的竞争。这种竞争是基于顾客导向的竞争，并在潜移默化中引导着顾客。IBM 之所以会制订行动方案让公司全面变革为一家顾客导向的公司，正是因为 IBM 知道只有始终和顾客站在一起的企业才能获得最终的成功。

创新是企业制订行动方案时要始终坚持的不二法则。根据德鲁克的观点，只有营销和创新才能体现企业的价值，完成企业的使命⊖。创新应该成为所有员工的习惯和风格，

⊖　德鲁克. 管理的实践［M］. 齐若兰，译. 北京：机械工业出版社，2008.

无论是在日常工作中，还是在面对所有的不确定性和未知领域之时。

基于价值创造的运营模式

随着企业的不断发展，股东、消费者以及产业价值的协同者对经理人团队提出了更高的期待，这要求经理人团队必须更加清晰地利用顾客导向的组织和流程来实现经营目标。任何部门的管理目标都是在为顾客创造价值的过程中为股东创造价值，我们不能对那些无法为顾客创造价值的管理思路敝帚自珍，即使它们看上去似乎很有吸引力。只有价值链利益均衡和价值共享得以实现，绩效才可能最大化。所以，在运营模式上，管理团队应简化流程，使其紧密围绕顾客价值展开，并使价值链实现价值共享，其中最重要的是要关注三个最本质的价值。

第一，关注顾客的使用价值。无论是设计产品还是提供服务，都需要以顾客价值最大化为出发点和检验标准。第二，关注价值链的价值。在战略设计以及运营模式的选择上，必须以利益相关者的视角确定一体化的战略，通过战略的选择提升企业和产业的价值，从而使价值链的价值最大化。第三，关注产品与顾客的融合价值。以往，民营企业在运营上习惯于以自己的理解来代替顾客的理解，习惯于认为自己的产品就是顾客需要的产品，没有真正关注到产品与顾客的融合程度，也就设计不出真正的、能满足顾客需求的解决方案。今天，企业需要从解决方案入手，让顾客和企业真正持久地站在一起。以上三点是判断运营模式好坏的根本标准。

管理者的新规则

在做出上面四个方面的改变后，管理者还需要理解今天的新规则，即第五个方面。

第一，关注什么是应该做的，而不是谁是对的。大部分情况下，民营企业的管理者特别是老板非常在意证明自己是对的，而不关注应该做什么。但是，今天的环境不断变化，已经不能简单地以对错来判断，明确企业应该做什么事情变得尤为关键，这需要管理者确立基于变化做出判断的规则，而不是基于权力或者盈利做出判断的规则。第二，在经济减速下，企业必须减少自己的错误，企业能否在竞争中胜出在更大程度上取决于你比别人少做了多少错事。这需要管理者在企业中实施精细化管理，以质量恒定的思想管理企业。第三，违背顾客价值的行为选择带来的后果是致命的，这是新规则的核心内涵。在变化和发展的市场中，顾客有能力做出选择，管理者要能基于顾客价值去做判断，否则企业将很快被顾客淘汰。

回顾中国企业的发展史，很多企业的成败均因一人，因此，如何完成从人治到现代管理制度的过渡对于中国企业尤为重要。在创业阶段，企业家的确具有决定性的作用，但是，创业阶段完成，企业进入成长阶段后，企业所面对的问题不再是简单的产品问题，而是系统问题，这时，依靠企业家一个人的力量已不能解决成长问题，企业需要更多的智慧和团队成员。在民营企业的发展过程中，这个阶段最重要，我把这个阶段最具影响力的因素称为企业发展的内因。这些内因曾经是企业获得成功的原因，但是民营企业需要跨越这些成功陷阱：需要改变单一产品的成功，改变单一资源的成功，改变企业家个人的成功，改变没有付出规则成本的成功。如果民营企业没能跨越这四个陷阱，就不可能持续做大。

对民营企业而言，要想完成从人治到现代管理制度的转变，需要很多条件，其中最重要的条件是企业家的自我超越，以及企业家自身能够符合规范和制度。企业家是制定制度的人，同时必须是践行制度的人，唯有企业家置身

于制度之中，才能使企业完成从人治到现代管理制度的
转变。

因此，企业应将内部的变革视为一种常态，一方面，
企业家要不断超越自己，持续专注于制度建设和对规则的
守护，并建立有效的企业文化；另一方面，通过企业文化
的熏陶，使员工适应不可预测性，在产品、市场、运营和
业务模式方面始终以顾客价值为导向，所有行动都与价值
创造挂钩。

上面所谈到的五个方面的努力，我近年来一直不断强
调。我认为中国企业以及企业家需要做出持续的变革与超
越，我常用爱因斯坦的一个小故事来提醒自己，提醒我所
服务的企业的管理团队。

1951 年，爱因斯坦在普林斯顿大学教书。一天，他结
束了一场物理专业高级班的考试，正在回办公室的路上。
他的助教跟随其后，手里拿着学生的试卷，小心地问他：
"博士，您给这个班的学生出的考题与去年一样。您怎么能
给同一个班连续两年出一样的考题呢？"

爱因斯坦的回答十分经典，他说："答案变了。"

03

第 3 章

营销的本质

营销的本质就是理解消费者。因此，营销需要研究消费者，关注消费者的思维和生活方式，而不是研究企业的产品或服务，更不是研究同行、用同行的思维来决定自己的思维。营销战略就是在合适的时间做合适的事情。

营销要杜绝浮躁，管理者需要沉下心仔细思考：营销的本质是什么？真正推动营销进步、企业发展的动力是什么？营销的重点应该在何处？是在渠道、广告、产品、创新、整合营销或者营销人员队伍的建设上，还是在顾客的身上？人们都说"顾客是第一位的"，但是，有多少营销经理人、多少企业真的做到了这一点呢？

今天，无论是物流、信息流还是现金流的周转方式都有了较大的变化，这从根本上改变了原料的提供方式，产品的生产、仓储和运输的方式，以及消费者购买产品的方法和渠道等。这些改变使产品的生命周期迅速变短，使企业的生命不断缩短，也使消费者不断经受着营销"轰炸"。

每一天，企业破产和商业失败都在发生；每一天，新的商业奇迹也在出现。这正是今天营销领域的真实写照。

理解消费者

理解消费者是营销最根本的目标，企业对于消费者的理解可以从它的产品和它对市场的理解两个维度来体现。企业如果想用产品来教育消费者，无疑会走偏。企业应该向消费者学习，而不是教育他们。消费者不需要被教育，而需要被理解。企业对市场的认知如果停留在对行业的理解上，无疑也会走偏。因为市场是一个载体，承载的是消费者的期望，而不是行业的规则。很多企业以行业数据作为理解市场的依据，却忘了行业仅仅是市场的一个层面，对企业来说，市场永远大过行业，行业无法代表市场。

对于市场的理解，很多企业常犯以下两个错误。

第一，把竞争对手的变化误认为市场的变化。不少中国本土的零售企业，看到跨国零售商抢占中国市场、不断圈地，误以为做零售终端就是圈地和扩大市场区域。其实在今天中国的零售市场，零售业的市场关键要素不是圈地和扩大市场区域，而是对消费者的理解和单店盈利能力。

第二，把营销创新误认为市场的变化。回想 2005 ～ 2010 年的中国乳业，企业不断地在营销创新上下功夫，四处为热门节目冠名，广告铺天盖地，竞争激烈，而中国乳业最严重的质量事件也发生在那段时期。现在回头看，2010 年也许可以视作中国新乳业的元年，在此之前，很多乳业企业把精力放在了竞争对手、广告上，部分乳业企业因为对品质的极大疏忽而引发了消费者对整个行业的信任危机。2010 年之后，行业开始触底反弹，越来越多的乳业企业开始重视品质，关注顾客需求的变化。

新希望乳业就是在这段时间成长起来的一个代表企业。2010 年，新希望乳业只是一个区域性乳业企业，但经过十多年的努力取得了非常辉煌的成绩：2019 年登陆 A 股市场，2023 年 2 月市值超百亿元，进入巴氏鲜奶前三名。2022 年 10 月 28 日，中国网发表了对其董事长席刚的专访⊖，问这些年新希望乳业"做对了什么"，他的回答很清

⊖ 中国网财经. 中国乳业进入下半场，新乳业如何跑出高质量发展"上扬线"？［EB/OL］.（2022-10-28）. https://baijiahao.baidu.com/s?id=1747895254113832424&wfr=spider&for=pc.

晰，就是"鲜战略"，聚焦"新鲜"这一核心价值。当然，这背后更深层的一个原因是，席刚实际上是一名"产品经理"，由一个真正愿意做好产品的人来执掌新希望乳业，这是新希望集团刘永好董事长的智慧选择，这个安排是对品质的根本保证。在访谈中，席刚谈起做产品来兴致盎然，所以，他能够率领团队把精力放在顾客价值的"新鲜"这个关键点上，让新希望乳业找到自己的生存空间，在乳业脱颖而出。

所以，不能简单地理解市场，必须知道市场内在的变化，这个内在的变化就是顾客需求的变化。营销的成败不在于企业营销资源的多少，不在于营销经理或者营销人员能力的高低，而在于能否在实现顾客价值的某个点上有所作为。如果能，那么这个点就是企业营销的生存空间。

回归营销基本层面

无论营销如何创新，营销最基本的东西不会变[⊖]，顾客最关心的要素还是价格和产品，而能够影响顾客的最基本要素依然是促销和广告。营销基本层面就是产品、渠道、

　　⊖ 陈春花. 回归营销基本层面［M］. 北京：机械工业出版社，2016.

消费者、广告这四个要素。

1. 产品

产品是连接消费者和企业的纽带，企业之所以能够进入市场，是因为能够为消费者提供产品满足其需求，所以，不能简单地把价格定位在产品的能力上，产品的能力还是要回到对消费者关注的价值的贡献中。迈克尔·波特曾经比较亚洲跨国企业与全球跨国企业的区别，他认为亚洲跨国企业比较关心钱从哪里来，到哪里赚钱；全球跨国企业则比较注重产品从哪里来，产品到哪里去。这个评价一针见血。在过去很长一段时间，低价一直是中国产品的核心优势，改革开放的最初 10 年，成本的比较优势使中国企业能够真正面向市场。但是，到了今天，消费者需求的改变、环境的变化、跨国企业全球供应链管理能力的发展，要求产品能够独立发挥作用。所以，理解产品要回到产品本身，如何让产品获得顾客的认同，如何在细分市场上与顾客互动，如何呈现顾客价值等都要求产品理解消费者，并能够真正代表消费者。

2. 渠道

渠道代表着一家企业的营销宽度，以及这家企业能有效覆盖的市场区域。2023 年，中国电影春节档强势回归，创造了两部票房超 40 亿元的影片——《流浪地球 2》和《满江红》。两部电影都是口碑佳作，不过，虽然《流浪地球 2》凭借在春节假期后的大规模路演和口碑发酵，在春节档后期的票房一度反超《满江红》，但最终总票房与《满江红》依然有 5 亿元的差距。这个差距主要是在因为上映前期排片落后，当时，《满江红》进行了更广泛的覆盖，因此抢占了先机。当然，《流浪地球 2》的渠道并不弱，只是对同样优质的产品来说，渠道确实是营销的关键。另外，随着国内院线的规模建设，国产电影在国内的票房增长了很多，但海外票房的突破仍然困难，甚至越发艰难。即便是诚意满满的科幻力作，海外票房也不尽如人意。也许这并不是电影质量的问题，真正的难点在于渠道。

　　十余年前我去一家家电企业调研，这家企业的管理人员对我说，其实他们的产品与一家美国电器公司的产品是在同一条生产线上生产的，但是，因为这家美国电器公司和沃尔玛是战略联盟，所以他们的产品想要进入沃尔玛非常困难。但他认为必须进入这个渠道，才能真正打开国内市场。我们在探讨这个话题的时候发现，解决了产品本身的问题，如果没有能力解决渠道问题，企业仍然无法发力。

　　我们常常梦想中国的产品能够在真正意义上进入全球市场，但是必须明白一个基本事实：如果不能拥有渠道，就不可能进入全球市场。我常常惊讶于美国和欧洲企业的战略，无论是沃尔玛，还是家乐福，当这些渠道与终端在全球布局的时候，美国和欧洲的产品也借此机会长驱直入。这就是渠道的力量。2022 年 9 月 7 日，全国工商联发布了 2022 中国民营企业 500 强榜单，京东以 2021 年 9515.92 亿元的营收位居榜首。看到京东成为中国民营企业 500 强第一名，我感叹的不是它的规模，而是它在渠道建设上所取得的重要成就。当看到京东也在布局国际业务时，我感到这是中国制造业的一件幸事，它让无数企业拥有了更多希望。

3. 消费者

　　营销是靠消费者需求来驱动的，而消费者需求的驱动力有多大，取决于企业对消费者的理解有多深。2023 年大火的电视剧《狂飙》就体现了制作方对观众的深刻理解，这种深刻理解不只体现在题材和剧情上，还体现在细节上。导演说他最满意的就是吃饭的戏份，剧中有大量的吃饭场景，非常真实，这是因为导演特别留意中国人的饭桌文化，而广东演员张颂文对当地文化的体认也让这部剧更有烟火气。这些年数字技术的进步能帮助我们更深入地理解消费者。西方的营销学和决策科学很早就提倡数据、模型与决策，随着数据存储与分析技术的发展和推广，今天企业的很多决策都可以通过数据分析来做出，比如用流量分析决定剧目的演员阵容。当我们真正理解消费者时，获得消费者的青睐就成了自然而然的事。

在人们非常熟悉的电影产业，消费者发挥的作用可以说非常显著。近些年，《战狼 2》实现了商业价值与社会主流价值观的融合，进而打破了中国电影票房纪录；《长津湖》以鸿篇巨制的形式让很多年轻人感受到了信念带来的震撼；温情的《你好，李焕英》触动了很多中国观众内心深处的情感，也冲破了 50 亿元票房大关；《流浪地球》系列电影让我们看到了中国科幻电影的可能性；《哪吒》让更多中国观众看到了老少皆宜的动画电影……这些电影之所以会有出色的表现，正是因为它们与消费者产生了共鸣。这也让我们意识到，其实中国人是更理解中国文化的，传递价值观的电影就是最直接的例证。关键是，我们要全力认识中国消费市场，认识中国消费者，我们的企业要真的深入中国市场，深入中国的消费者。只要我们这样去努力，中国消费市场就一定会给企业新的增长机会。

4. 广告

广告的真实能力到底是什么？这个问题需要营销人员认真思考和寻找答案。广告媒介的影响力是有目共睹的，借助广告获得巨大成功的案例比比皆是。但是，更多的企业投入了巨额的广告费用，却得不到有效的回报，甚至因为过度投放广告而濒临破产，究其原因是没有真正有效地使用广告。广告的核心价值是引发顾客的认同并使其产生购买的意愿，但很多企业的广告并没有从这个核心价值出发，而是从企业自己的价值出发。好的企业广告一定是和顾客站在一起的，知道顾客需要什么，了解顾客在什么样的环境中生活。

在美国，超级碗是相当于中国"春晚"的节目和广告平台。在 2023 年的超级碗上，通用汽车联合网飞拍摄了宣传其电动汽车的广告，让更多人看到这家百年车企正在努力适应今天的顾客环境。同样斥资超千万美元获得 2023 年超级碗广告位的还有拼多多，其跨境电商品牌 Temu 成立不到半年就登上这个超级广告平台，通过广告展现其物美价廉的销售理念，由此可以看出拼多多在尝试着以接地气的方式嵌入环境。

回归营销的四个基本层面，是企业必须具备的营销基本能力。不管营销如何创新，都需要基于对这四个基本层面的理解和运用。为了创新而创新是没有意义的，尤其是在不确定性成为常态的今天，离开基本层面的努力都是没有效果的。

营销是行动而非概念

在营销领域，很多人喜欢谈论营销概念，谈论卖点，谈论营销思想，但是，这些都不是营销最核心的部分，营销最核心的部分是执行，即营销行动。我经常想起德鲁克告诫中国管理学者的一段话："中国经济改革和企业管理取得了巨大成功，一定有很多值得总结的东西。管理实践总是领先于理论。要总结中国企业管理的特征一定要从实践入手。我当年为了学习日本管理经验，也曾多次到日本考察。"⊖管理实践和行动是德鲁克思想的来源，没有在通用汽车的深入实践，没有对日本的多次考察，就不会有大师的思想，我们又如何能够例外呢？

⊖　德鲁克. 组织的管理：德鲁克文集（第二卷）[M]. 王伯言，沈国华，译. 上海：上海财经大学出版社，2006.

电影《社交网络》讲述了 Facebook 的发展史。扎克伯格不是创造社交网络概念的第一人，或者说他只是早期创造这个概念的众人之一，但他却先人一步创立了 Facebook，并迅速在校园推广。当自认为更早创造这个概念的双胞胎兄弟跑到校长那里去告状时，校长说，要说想法，哈佛校园到处都是。营销不是概念，是行动，让扎克伯格领先的是行动。早期的乔布斯就吃过亏，他的想法很好，广告也很响，比如 1984 年苹果就在超级碗广告中对 IBM 宣战，可惜的是，在行动上早期的苹果总是落后于 IBM 和微软。而回归苹果后的乔布斯，在产品、运营和渠道建设上多管齐下，以其行动力给世界带来了巨大的震撼。

我们一直强调战略更重要的是行动而不是思想，不管企业有多么美好的梦想，有多么远大的战略设想，如果不具备采取行动的核心能力，就无法实现战略。我们也一直强调营销经理人不是思想者而是行动者。营销经理人作为个体可以是一个充满理想的人，可以是一个热爱思考的人，也可以是一个不屈从于现实的人，但是他在作为企业的营销经理人时，必须承担职业角色，而这个角色决定了他必须是一个充满理想而又脚踏实地的人，必须是一个热爱思考而又身体力行的人，必须是一个面对现实解决问题的人。这样的要求在很多经理人看来也许太过苛刻，但是一旦成为经理人，你所承担的责任就要求你必须如此行事、如此思考。

营销战略就是在合适的时间做合适的事情

早在 2005 年，我就撰文建议中国企业必须关注环境带来的市场变化并有所准备。在这里，我依然用一种战略理念来表达自己对于新际遇的观点——在变化中做有效的选择，即在合适的时间做合适的事情。同样，营销战略就是在合适的时间做合适的事情。

也许这种说法太过简单，但我仍坚持这一点，因为营销本来就应该简单。好的企业倡导的都是最简单的理念，比如美的的"智慧生活可以更美的"，宜家家居的"有'续'生活"，雀巢咖啡的"味道好极了"，沃尔玛的"天天低价，始终如一"，海尔的"真诚到永远"，这些话都说到了顾客的心坎里。

那么，在营销战略中，什么时候是合适的时间？什么事情是合适的事情？下面我用坐标的概念来展示我的观点。

营销战略的时间坐标

我们选择营销战略的时候，不能只评估这个战略的基本要素，还应该考虑它所处的时间坐标。但是，营销战略的时间坐标并不是以时间为单位的，而是以市场关键要素为单位的。

比如家电行业，1985 ～ 1989 年，价格是市场关键要素，长虹、康佳做得很好；1989 ～ 1992 年，质量是市场关键要素，海尔、新飞、容声做得很好；1992 ～ 1996 年，服务是市场关键要素，海尔、TCL 做得很好；1996 ～ 2000 年，速度是市场关键要素，海尔、美的、TCL 做得很好；2005 ～ 2010 年，国际化、全球化是市场关键要素，海尔、TCL、美的做得很好；2010 年至今，柔性化、智能化是市场关键要素，因为数字技术带来的革命性变化，这是一条相对漫长的道路，很多企业都在努力探索，其中以海尔和美的为代表。企业的营销应该与相应的时间段匹配，海尔、TCL、美的、创维等在合适的时间做了合适的事情，所以一直处于领先地位，长虹一直停留在价格作为市场关键要素的时间段，于是出现了今天的结果。

因此，我们需要分析在一个自然时间段内市场关键要素是什么，而不是我们擅长做什么。我们不能以自己的发展时间作为参照标准，应该以市场关键要素为参照标准，做到了这一点，企业才是在时间坐标上选对了位置。

营销战略的空间坐标

营销战略的空间坐标不是指市场所处的空间，而是指实现顾客价值的定位，也就是说，在实现顾客价值的哪一点上企业有所作为，这一点就是企业的空间坐标。

以 IBM 的"服务转型"为例，1996 年，郭士纳就非常清楚地定义了 IBM 的电子商务：使企业能够通过信息系统增加整体的运营竞争力，而不是单个员工的工作效率。从这样一个概念出发，郭士纳带领 IBM 开始了著名的"服务转型"。郭士纳凭借过去做服务和消费品的经验，为 IBM 明确了一个新的逻辑：技术与功能都不等于顾客价值，创造价值的关键点在于提供解决方案，在于用户如何用这种设备创造出商业价值。这一主张是划时代的，因为这指出了微软、英特尔这批公司的"要穴"：微软和英特尔等高科技公司为顾客提供的是工具效率，而 IBM 提供的是提升顾客价值的解决方案。2001 年，IBM 的服务收入达到

349 亿美元，占总收入的 42%，首次超过硬件成为 IBM 的第一收入来源。IBM 在为顾客提供解决方案这一点上最能提升顾客价值，因此提供解决方案就成了 IBM 的营销战略的空间坐标，IBM 由此获得了市场空间。

萨提亚·纳德拉对微软的"刷新"也是异曲同工，都是在空间坐标上找生存空间。2014 年，微软第三任首席执行官纳德拉开始带领处在谷底的微软向云计算转型，并且瞄准了其中的关键顾客价值——为一线办公人员的工作效率赋能，即"赋能一线员工"，微软由此重新崛起。根据加特纳公司（Gartner）发布的数据[⊖]，微软在 2021 年全球云计算 IaaS（基础设施即服务）市场的份额为 21.07%，位居第二，仅在亚马逊（38.92%）之后。

关于营销战略的空间坐标，企业常见的误区表现在以下几个方面。

第一，产品的变化远离了顾客的需求。你知道 20 世纪最伟大的产品是什么吗？英国一家机构的结论是抽水马桶。美国《财富》杂志评选出的 20 世纪最杰出的产品有：曲别

⊖ 央广网. Gartner 发布 2021 年全球云计算市场份额，阿里云全球第三亚太第一［EB/OL］.（2022-04-15）. https://baijiahao.baidu.com/s?id=1730159770572789049&wfr=spider&for=pc.

针（1900 年）、安全剃刀（1903 年）、拉锁（1913 年）、胸
罩（1914 年）、创可贴（1921 年）、月经棉条（1931 年）、
袖珍简装书（1935 年）、无带平跟鞋（1936 年）、家用胶
布（1942 年）、拼插玩具（1958 年）、滑板（50 年代）、尼
龙搭扣（维可牢，1954 年）、尿不湿（1961 年）、粘贴式
便条（1981 年）。这些产品与苹果麦金塔计算机、国际互
联网、英特尔微处理器、施乐复印机和传真机、飞利浦和
索尼激光唱盘、波音 707 飞机等并列齐名。看到这些产
品，相信你会认同产品只有实现了顾客价值，才有存在价
值。如果我们不断地追求产品的变化，而忽略了产品实
现顾客价值的单纯功能，结果一定是被顾客抛弃。真正
有生命力的产品是那些简单而便捷地满足了顾客需求的
产品。

　　第二，过度关注广告、服务、促销，误以为这些都是
顾客需要的东西。实现顾客价值的关键是确定什么才是顾
客价值。从引入 4P 营销理论开始，在中国市场上，人们
开始打价格战、服务战、促销战、广告战，但是，对于这
些手段给消费者带来的直接与间接的影响是什么，大家没
有认真分析过。从表象上看，加大广告宣传，带来了销售
额的增长；增加服务，带来了顾客满意度的提高；打折是

顾客喜欢的，只要促销就一定会有效果……这些都是真的，你可以实实在在地看到，但是没有人分析这些结果能否使企业最终获得一个关键的东西：顾客的忠诚度。我认为，这些方式与顾客忠诚度不存在正相关的联系，因此，我们看到了众多企业在营销市场上的混战和无奈。顾客要的还是产品本身，请永远牢记这一点。

什么才是营销战略所选择的合适的事情

如果营销是在合适的时间、合适的地点做合适的事情，那么，我们最后需要回答的问题是：什么才是营销战略所选择的合适的事情？营销战略所选择的合适的事情，就是能够反映市场关键要素的时间坐标和能够实现顾客价值的空间坐标的结合点（见图 3-1）。

图 3-1　营销战略所选择的合适的事情

　　我们以日本本田摩托车在美国市场的营销战略为例。据有关资料显示，20 世纪五六十年代的美国摩托车市场是哈雷戴维森的天下，这个只生产重型摩托车的品牌几乎是摩托车的代名词，其市场份额一度高达 70%。本田摩托车要想在美国闯出一片天地的难度可想而知。经过前期的试探，本田认为哈雷戴维森在重型摩托车上太强了，一定不屑于生产轻型摩托车。于是，本田用一款完全没有竞争对手、价格仅为美国大多数摩托车 1/5 的小型轻便摩托车打入美国市场。而这款摩托车在当时的哈雷戴维森看来不过是工艺精致的"玩具"。就这样，为消费者提供截然不同的选择的本田，通过一系列有效的营销措施，将其产品在美国市场的占有率从 0 蹿升到 80%，从而成为美国摩托车市场的新王者。

　　我们用上面的方法来分析，本田摩托车在进入美国的时候，摩托车市场的关键要素是给消费者提供不同的选择，而从顾客价值的实现上来说本田能够创造价格仅为美国大多数摩托 1/5 的小型轻便摩托车，因此，本田营销战略的时间坐标是不同的选择，而空间坐标是低价格的小型轻便摩托车，两者的结合点就是本田摩托车在美国市场的定位。

　　再用两个大家熟悉的产品来进一步说明我的观点：

1. 麦当劳的儿童娱乐

麦当劳在全世界增长最快的消费群体是儿童。对儿童而言，吃什么样的汉堡其实并不重要，价格也不那么重要，关键是要"吃得开心""好玩"。于是，麦当劳推陈出新速度最快的产品是儿童套餐玩具。像"七个小矮人"这样的成套玩具，孩子们生怕凑不齐，于是频繁地购买儿童套餐，这在无形中提高了消费频率。麦当劳还不断推出新光碟，让儿童吃汉堡时看得更开心。每到节假日，麦当劳总不忘推出能逗乐儿童的游戏。在麦当劳看来，新的食品品种并不是其所在市场的关键要素，关键要素是给儿童带来快乐和新奇，它的空间坐标是儿童价值，所以必须不断推出能把孩子们逗乐的娱乐项目。

2. 可口可乐的"新瓶装旧酒"

让我们再看一看经典的可口可乐。尽管可口可乐在不同国家的配方稍有差异，包装也不尽相同，但配方一旦确定，就不会轻易改变，可我们却从来没有产生厌倦喝可乐的感觉。可乐是用来解渴的吗？当然是，却又不完全是。可口可乐没有把解渴作为饮料市场的关键要素，而是赋予可乐清新、愉悦的感觉，这就是可口可乐对市场关键要素的认识。这种感觉一方面来自可乐中溶解的二氧化碳，另一方面来自它不断更新的包装。可乐里溶解的二氧化碳浓度之高，让你在喝它时总要打几个饱嗝，这种感觉确实很棒。而在空间坐标中，可口可乐认为实现顾客价值的地方恰恰是包装的更新。可口可乐恰当地把握了消费者喜新厌旧的周期，总是在消费者还没有厌倦时及时更新包装。这种"新瓶装旧酒"的创新游戏，就是可口可乐的常胜法宝。

营销就是顾客价值的实现

作为企业与顾客、市场互动的重要环节，营销要想发挥作用，需要明确其起点和终点。顾客价值是营销的起点，也是营销的终点，如果要用一句话来描述什么是营销，那么这句话就是：营销就是顾客价值的实现。多年来，很多企业总是自以为已经了解了顾客价值，不断地用自以为理解的顾客价值做着产品创新或者服务创新。但是，事实是一直没有人真正理解什么是顾客价值，所以才出现了中国乳业的困境。

现代价值链思维

在改革开放初期，一些中国企业做出了短视、急功近利、拼杀价格的行为，这种价值取向曾在一个阶段里使这些中国企业在本土市场上凭借价格优势占领了市场，获得了快速发展。但是，在海外市场，这种模式没有产生任何作用，究其原因是不同的思维方式导致了对顾客和市场的认知的差异。如果中国企业还是采取在中国市场的思维方式，围绕着价格而不是顾客价值展开竞争，其结果不言而喻。

企业应了解两种价值链思维：传统价值链与现代价值链（见图 3-2）[⊖]。

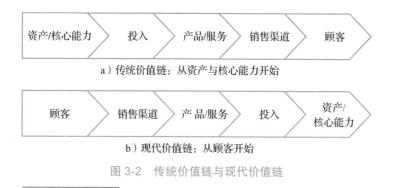

图 3-2　传统价值链与现代价值链

⊖ 斯莱沃斯基，莫里森，艾伯茨，等. 发现利润区 [M]. 凌晓东，等译. 北京：中信出版社，2010.

今天的柔性定制和数字化转型是现代价值链思维的典型实践。在柔性定制上，海尔走在了时代的前列。20 世纪八九十年代，张瑞敏率领海尔从夯实产品品质开始，不断打造真诚为顾客服务的品牌，进入 21 世纪后，敏锐的张瑞敏又开始"自以为非"，逐步提出了"倒三角""人人创客""人单合一"等新思想并进行了相应的实践探索。这些新举措的根本正是不再以过去的"传统价值链"为是，而是全面转向以顾客为起点的现代价值链。这些举措让一线人员贴近顾客，从而在顾客时代根据顾客的需求为顾客定制美好生活。

在数字化转型上，美的做出了表率。2012 年，方洪波就任美的董事长后启动了美的的数字化转型，其背后的逻辑是让整条价值链面向顾客。这时因为，经过长期的分权经营，美的内部各事业部的实力越来越强大，这种现象不论是对集团的整体性还是对顾客导向都有一定的危害，甚至可能会大大降低组织内部的效率。方洪波在率领美的进行数字化转型时做了两件重要事情，一是用流程管理统一"一个美的"，二是牵动"内外价值链上的每一个成员"，共同面向顾客创造价值。

海尔和美的两家企业的实践从本质上讲都是完成了向

现代价值链的转换，是为营销找到了真正的起点，这是现代企业领袖应该具备的洞察力和魄力。

称雄市场之源

再来看看以下两个餐饮行业的经典案例。

第一个案例是星巴克。2008 年金融危机时星巴克做了一件特别的事：关闭全美 7100 家门店，对"伙伴"进行培训。"伙伴"是星巴克对员工的尊称，当年星巴克在官方网站发布这一消息时用的标题是"对于伙伴的教育和培训，星巴克展现出了史无前例的承诺"。对于这件事，星巴克的解释是为了"重新关注顾客"，创始人舒尔茨认为，星巴克只有对自己的伙伴做出高度的承诺和投入，他们才有资源和能力去为顾客创造高度的价值。这个案例虽然看起来简单，却反映了星巴克的经营哲学，尊重伙伴，最终是为顾客贡献价值。这种对顾客价值的重视在星巴克创业初期就展现出来了，当时的星巴克没有什么可以营销的，于是它努力寻找自己与周遭顾客的情感关联，因此有了"第三个地方"的诞生，也就是"有家、有工作、有星巴克"。在星巴克，有你的咖啡、你的茶饮、你的希望，还有你清醒的头脑，这就是星巴克对"第三个地方"的理念阐述。

由此，星巴克在为顾客提供空间的同时也找到了自己的生存空间，并将这个空间拓展至世界各地。

第二个案例是一家十分具有北美本土特色的餐饮连锁企业，名为 BWW（Buffalo Wild Wings）餐厅，其标识如其名，是在美国颇受欢迎的水牛，彰显了其经营特色。如同我们对牛的精神有自己的理解，水牛在美国文化中代表着力量和运动精神，甚至狂野，因此，这家店的特色就是提供绝佳的运动赛事体验。从 1994 年至 2014 年，这家企业在北美地区从 35 家店开至 950 家店。它很清楚自己服务的是谁以及怎样服务，因此不会在价格折扣上做很多文章，而是聚焦于食品品质以及顾客的整体体验，并为此进行了相应的场景设计。想象一下，如果你是一个时尚、前卫、充满活力、热爱运动赛事的年轻人，你会选择以什么方式与友人共度美好时光呢？ BWW 餐厅告诉你：有一家餐厅精心设计了绝佳的赛事体验，在那里你可以尽享鸡翅、啤酒和精彩赛事。这就是其创造的顾客体验。

两家公司虽然用了不同的场景，但都为顾客创造出了一种超级体验和价值，这成为其站稳市场的基石。

这样看来，企业能否在市场上成为主导者，最关键的是找准顾客并为顾客贡献价值。无论是制造型公司、服务型公司，还是技术型公司，都是如此。很多人希望中国企业能够从制造走向创造，我并不觉得这是一个很困难的问题，制造和创造没有本质的区别，如果制造能够基于顾客价值，这样的制造本身就是创造，所以，问题的关键不是制造和创造的区别，而是对于顾客价值认识的区别，换句话说：只要能提升对于顾客价值的认识，由制造提升到创造就可以实现。

那么，对于顾客价值的认识应该如何提升呢？

有学者曾研究过 80 家市场领先企业，发现这些企业的顾客可以分为三类：

- 第一类是 3M、耐克等公司的顾客。他们把产品的性能或者独特性看作价值的核心。
- 第二类是诺德斯特龙（Nordstrom）和空运特快公司（Airborne Express）等公司的顾客。他们多数看重个性化的服务和建议。
- 第三类是联邦快递和麦当劳的顾客。他们主要希望在保证可靠服务的前提下，尽量追求最低价格。

通过这个研究的分类，我们可以看出公司提升顾客价值的方向如下所示：

- 最低总成本。
- 最优产品。
- 最优服务。

这样看来，从制造到创造有三个选择方向。

第一个方向是用最低的成本提供产品以满足广大消费者的需求，正如沃尔玛"天天低价，始终如一"。作为一家零售百货公司，沃尔玛清楚地知道日用易耗产品对于顾客的价值就是最低的价格，因此独创出全新的百货业态，以全行业最低的成本使自己在一个传统的、微利的行业中脱颖而出并保持强劲的增长。

第二个方向是提供最有竞争力的产品来提升顾客价值。在这方面做得非常出色的例子是三星，三星是一个制造型公司，这一点和很多中国家电企业一样。从 1993 年开始，三星从顾客需求出发，开始了工业设计、数字技术、显示技术等一系列变革，使三星电子产品具有全球竞争力，更使三星这个品牌成为全球电子第一品牌。三星的案例说明了企业要想在充分竞争的产业中立足，就要使产品回归顾客价值。

第三个方向是以服务带来增值。典型的例子是 IBM，

IBM 开启了一个重要时代，即让服务"独立"，不再是产品的附庸，不再是原来的产品售后服务，而是一项在地位上可以与产品并列的业务。这为制造业突破成长瓶颈带来了划时代的启发，今天我们看到的很多企业都在沿着这条路往前走，都是在其启发的这个方向上展开的转型。

市场的主导地位从根本上讲是由顾客价值决定的。只要能为顾客贡献价值，你就是主导者，这也是企业和营销的必由之路。

文化营销

2018 年 2 月 7 日，李宁品牌亮相 2018 纽约时装周，成为第一个登上该 T 台的中国运动服装品牌。走秀时，最引人注目的是李宁服装上屡屡出现的"中国李宁"这四个大字，简洁有力，格外亮眼，让人印象深刻。由此，李宁开启了中国风，组织发展因此重获生机。

文化共鸣带来品牌认同

我们先来看看李宁公司的成长历程。1989 年，"体操王子"李宁先生注册了"李宁牌"商标，1990 年在广东三

水开始了李宁牌运动服装的生产经营。1993 年，公司迁
至北京。1997 年，在全国建立起自营分销网络。1998 年，
在广东佛山成立了中国第一个运动服装与鞋的设计开发
中心。2002 年，确立全新品牌定位："李宁，一切皆有可
能"。2004 年，李宁公司在香港上市。2005 年，李宁公司
与 NBA 签约，成为 NBA 官方市场合作伙伴。2008 年，公
司创始人李宁在举世瞩目的北京奥运会开幕式上点燃了主
火炬，李宁品牌由此登上了巅峰。

　　李宁公司的发展并非一帆风顺，自 2008 年登上巅峰
之后，一度陷入瓶颈期。2018 年 3 月 6 日，《青年报》发
表了《创话题：从'体操王子'李宁带领公司起死回生谈
起》⊖一文。文章记录了李宁公司在过去一段时间的迷失。
"自 2004 年上市以来，李宁公司发展态势一直十分稳健。
2008 年，李宁公司开始构建 B2C 模式电子商务平台，让
公司业务发展到达顶峰。如同在世界瞩目下漫步于鸟巢上
空点燃北京奥运主火炬的李宁一样，李宁公司的发展也越
发引人注目。然而，北京奥运会之后，李宁公司放弃了走

　　⊖　青年报. 创话题：从"体操王子"李宁带领公司起死回生谈起［EB/
　　　　OL］.（2018-03-06）. http://app.why.com.cn/epaper/webpc/qnb/html/
　　　　2018-03/06/content_53356.html.

高性价比道路的安全策略，试图树立高端品牌形象，大幅度提高产品价格。2010 年，李宁公司重新锁定目标消费者——90 后，倾力打造'90 后李宁'，并将广告语由'一切皆有可能'改为'让改变发生'。这一转型错估了奥运市场带来的增长，同时，错误的目标人群定位让李宁体育不仅没有赢得 90 后的心，还遭到了 80 后老用户的流失，惨遭滑铁卢。2011 年，李宁公司开始走下坡路，业务接连下降，股价大跌 16%。在整个行业艰难去库存的背景下，李宁公司在 2012 迎来了 1990 年创立以来的首次亏损，亏损金额达到 19.79 亿元。短短几年间，公司持续亏损，开始大量裁员、关店，累计亏损金额达 30 亿元。"在奥运会的高光时刻之后，李宁公司陷入了至暗时刻。

2015 年，李宁重新回到公司担任首席执行官，带领公司转型，同时回归了"一切皆有可能"的品牌定位，三年后，有了"中国李宁"的新生。李宁的确做到了首席执行官的担当，他做了两件对企业发展非常重要的事，一是改变当下的经营现状，让当期业绩扭亏为盈，如《青年报》的记录，"他通过重振多品牌计划、精简门店、增强电商销售等途径，带领公司重新走上正轨。2015 年下半年，李宁体育扭亏为盈。"二是为李宁品牌找到了新的生命，也就是

"中国李宁"，用中国文化赋予李宁产品新的意义和力量。中国文化的深厚底蕴让这个新生命有了足够广阔的生长空间和足够多的可能性，正如李宁的核心理念，"一切皆有可能"。同时，中国风也为李宁品牌指明了未来的方向，为组织拥有更长久的未来奠定了基础。所以，说到底，企业的生命要用强有力的产品来支撑，而文化则为产品提供着充足的养分。在文化的滋养下，2021 年 6 月，李宁公司市值突破 2000 亿港币。

为了探索新方向，2020 年李宁还邀请成龙助力。李宁和成龙，一位是满载荣誉的奥运冠军和坚韧不拔的创业者，一位是享誉全球的国际巨星以及中国电影文化的重要名片，双方因李宁中国风新品的推出，更因对中国文化的共识而走到了一起。在 2020 年的巴黎时装周上，李宁和成龙用交心的对话进行人生悟道。他们之间的对话更像是一场文化交流，让我们体会到了两个人成功背后的文化支撑，更让我们读懂了"中国李宁"的含义。

两人的对话从谈人生的选择开始，李宁说人生很难做选择，成龙说如果还有得选自己还选择做成龙，李宁则说那样我们还能再合作，两人都会心一笑。李宁说，"1988年奥运失利之后，我就离开了那个环境，但还是想做离体育更近一点的事业，所以选择了做一个有运动员基因的体育品牌。"听到成龙说自己从武行一步步走到今天的历程，李宁感叹，"梦想很重要，哪怕一个小小的梦想也会支撑人走到一个更大的世界"，而对于成龙所取得的巨大成就，李宁说，"人有很多潜能的，可能上天给你很多东西，都埋在你的肌肉里、内脏里，最后一点点挖掘、一点点挖掘，就会成为巨大的硕果。"对于当下的选择，成龙说自己要"去做一些有意义的电影，把我们自己的一些文化发扬出去"，这时，双方找到了更直接的共同话题，李宁说，"是的，我跟团队经常一起探讨这个事，怎么把中国文化跟时尚和体育更有机地融合。"

　　接着，李宁还讲述了"中国李宁"这四个字的设计缘起，让我们更好地读懂了其中的文化内涵，"因为中国文字有很多象形字，我们现在推出的'中国李宁'很受欢迎，因为它们本身像个'中国印'一样，把上面的中国文字表现了出来。"李宁一语道破天机，上衣中间那方方正正的四个字的确给人非常强的视觉震撼，但我们好像又一时说不出原因，听了李宁的解释，原来这四个字的确就像是一块大印，印在了中国人的胸膛上，所以，很多人都会有一种很自然的共鸣。

　　通过这场充满智慧的交流，我们看到了服装并不仅仅是服装，不仅仅具备遮身蔽体的基本功能，还承载了文化和价值深意。因为对中国文化的寻根，我们相信李宁找到了更加强大的生长力量，我们同样期待有更多好产品把中国优秀文化带到消费者身边，从而让我们在物质需求得到满足的同时展现出更佳的精神风貌。当然，这需要我们的企业更深入地理解文化与消费者，不断探索出合适的产品来建立起两者的桥梁，实现两者的有机融合。当一种产品或一个品牌融入某种文化内涵时，产品的生命力和品牌的影响力就会像文化一样长远流传。

文化是人群为了生存而对环境做出的适应方式，这个定义告诉我们文化是生活方式的选择，由此我们可以了解到文化营销具有特殊魅力的缘由。文化营销的力量来自消费群体对于社会文化中所包含的生活方式与价值观念的共性认同，通过与顾客在精神层面产生"共鸣"，激发出顾客对特定情境的认可或者记忆，获得消费群体对于企业品牌与核心产品的深度认同与持续消费。

品牌借文化契合社会来引领消费

文化的重要功能是达成共识，引导并塑造行为。因此，具有强大品牌的企业，常常借助文化营销传递自己的核心价值观与社会的契合，从而获得消费者的认同，并在目标消费群体中形成一种归属感。

菲利普·科特勒在《营销革命3.0》中指出，科技不仅把世界上的国家和企业连接起来，推动它们走向全球化，而且把消费者连接起来，推动他们实现社区化。在今天，消费者更愿意和其他消费者而不是和企业相关联。"我们的信任感并没有缺失，它只是从垂直关系转化成了水平关系。如今，消费者对彼此的信任要远远超过对企业的信任，社会化媒体（社交网站，如Facebook等）的兴起本身就反映了消费者信任从企业向其他消费者的转移。在这种水平化的信任体系中，消费者喜欢聚集在由自己人组成的圈子或社区内，共同创造属于自己的产品和消费体验，而企业必须学会利用这种消费者水平化网络中的协同创新能力来帮助营销。"

苹果运用产品和品牌文化强化顾客的群体意识及归属感的文化营销方式，值得我们借鉴。苹果品牌通过各种方式不断地强化消费者对苹果产品的崇拜以及对"果粉"身份的自豪感，维系消费者与苹果品牌的联系，巩固具有极

○ 科特勒，卡塔加雅，塞蒂亚万. 营销革命3.0：从产品到顾客，再到人文精神［M］. 毕崇毅，译. 北京：机械工业出版社，2011.

高忠诚度的消费群体。比如，苹果产品的发布会通常会选择在有浓厚艺术氛围的场所召开，由此营造一种高尚、圣洁的文化氛围，使参与者产生"朝圣"般的心理体验。而且，苹果将发布会设计得就像阅兵仪式一样隆重，这种仪式性的文化营销手段产生了极大的成效，使消费者更加相信苹果产品不是"寻常百姓"家的俗物，而是需要隆重迎接、顶礼膜拜的"神器"。

苹果的产品影响并重新定义了消费群体的生活、娱乐和工作行为，甚至影响了消费群体的价值观念和消费文化。例如，iPhone 刚在国外发布时，对很多从国外购入 iPhone 的消费者而言，手机里的很多软件都是摆设。当时的 iPhone 不仅与很多名牌手机不能比，就是与一些极其普通的国内小品牌手机相比，其功能也是寥寥可数。但为什么会有那么多消费者明知很多功能在国内无法实现，却还会执着地购买呢？因为他们买的不是功能，而是苹果这个品牌带给他们的一种超越手机价值的消费者体验。此时的 iPhone 不是一个手机，而是集合了时尚、创造性等诸多审美要素的文化符号。

从 1998 年的 iMac，到 2001 年的 iPod，再到 2007 年的 iPhone、2010 年的 iPad，乔布斯以一款款划时代的产品告诉消费电子行业：这个时代需要"与消费者产生情感共鸣""制造让顾客难忘的体验"。当产品能召唤消费者情感时，它便驱动了需求，这比任何一种差异化策略都更有力量。

回到李宁的案例，我们发现，在某种程度上说，李宁品牌的成功同样归因为以文化契合社会来引领消费。作为国人，我们都有对国产产品和国风品牌的期待与喜爱，但事实是，在改革开放初期我们的企业还不具备条件，需要从做好产品质量开始一步步成长，在这条漫长的中国企业成长道路上，海尔等中国各行各业的企业都是重要的参与者、见证者。

2018 年，经过 40 年的努力与成长，我们的企业终于具备了满足中国顾客期望的条件和可能性。而与此同时，中国每一代消费者的认知都在发生变化，老一代的消费者成长在由外国品牌主导中国市场的环境中，隐约中感受到了中国力量的崛起，而新一代的消费者则成长在更多中国优秀企业有出色表现的时代，所以，整体上我们有了更多的文化自信和本土期待，这是一种内心的归属。在这样一个时间点，李宁公司推出了中国风，这种文化与社会价值的契合可谓恰逢其时。当然，掀起国潮的还有一批优秀的中国企业，同时这股浪潮也离不开早期很多中国企业的耕耘。

用持续的互动与创新面对动态的社会文化

　　文化的一个基本属性是可以自我更新，这是其持久生命力的根源。因此，社会文化一直在不断地发展演化，而作为其亚文化的流行文化和消费文化，也始终处于一种动态的发展过程。在全球化的背景下，这种动态性变得更加显著。这要求文化营销以持续的创新来面对这种变化。

　　文化营销要实现创新，除了依靠自身的内源性创新途径，还有一个重要方式是利用科特勒所说的"水平化的消费者信任网络"实现协同创新，与消费者保持持续的互动，从中获得价值创新的动力。这一方式源于文化的交流沟通功能和群体互动特性。

　　在这方面，麦当劳是一个经典案例。在经济萧条时，麦当劳会特别强调"物有所值"。在疫情蔓延时，麦当劳会用自己的实际行动去"尽善"。为了满足顾客对便捷的需求，麦当劳推出"得来速"汽车穿梭餐厅。除此之外，麦当劳还用近乎全球普遍价值的"我就喜欢"来与世界各地的顾客建立沟通。麦当劳的这些创新看似简单，但其背后都是协同创新。说到这里，我们要讲一讲麦当劳的"三脚凳"模式。麦当劳的长期成功有赖于"三脚凳"的经营理念，即供应商、员工和被特许人需要通过优势互通、紧密协作，建立起强大的合作伙伴基础。麦当劳系统建立在信任和共同价值观的基础上，具有能够以较优价格获得高品质的产品的竞争优势。因此，是麦当劳与众多合作伙伴的携手努力让麦当劳的文化营销得以落地。这正是充分运用科特勒所说的"协同创新"来发挥消费者水平化信任网络的营销推动力，借助对于社会文化的适应和创新来实现文化营销的持续推进。

无论是与消费者的持续互动，还是通过创新不断地适应社会文化（流行文化、消费文化）的动态发展，其终极目的都是获得消费者持久的价值认同。正如德鲁克先生所说的，创造顾客是企业存在的唯一理由，而创造顾客的重要基础则是在消费者与企业之间形成价值认同。

用品牌文化衔接企业与社会

营销的本质是理解消费者，这也是营销最根本的目标。文化营销所强调的也正是这一点，企业只有理解了消费者，才能以消费者认同的价值诉求激发其共鸣，以人性化的方式适应甚至引领顾客需求的变化。

对于顾客情感需求的满足，对于顾客认知理念的理解与认同，能激发出顾客更强烈、更细微、更复杂的原动力。正如需求理论所描述的那样，人们渴望获得归属感、建立纽带关系，希望有所超越和自我实现，希望感受快乐和满足等。最成功的品牌总是能够激发出积极的情感，而文化营销则是实现这种理解与认同的重要方式。就像苹果的每一场新产品发布会都会成为一个故事，而这个故事就像一部伟大的神话，永远也讲不完，因为故事的主人公是顾客，而不是企业。

企业确定品牌的关键是与顾客的价值需求相一致，简单地说，就是品牌定位于顾客意图而非企业核心竞争力。而文化营销基于对环境和顾客的理解与认同，可以有效地达成这种一致性，并充分地将其能量释放出来。文化营销旨在理解和融入消费者的生活，并且依托产品或服务等载体进行文化的传递，从而实现无处不在和具有可接触性的价值。而文化培育认同与归属的特征则激发了品牌内涵联想，从而支撑了关联性的实现。文化营销通过触及消费者内心的体验满足其情感需求，从而激发出品牌核心价值中人性化的部分。

企业文化是组织得以存在和延续的生命线与保持活力的源泉。企业文化会直接影响到品牌的运营理念。通过文化营销将企业文化向外部受众进行广泛传播，不仅能把企业的核心价值观与经营理念有效地传递给公众，还能促进品牌文化与社会文化的互动。根据文化的定义"人群为了生存而对环境做出的适应方式"[二]，我们可以了解到，企业文化是企业为了求得生存和持续发展而适应环境的方式与价值规范，流行文化或消费文化则是消费者作为社会群体的一种生存和生活方式，那么，品牌文化应当实现二者的契合。品牌文化反映并传递企业文化，影响甚至引领消费群体的流行文化，因此是企业与消费者之间沟通与互动的一个重要渠道。而文化营销也正是通过这一契合的过程发挥其价值的（见图3-3）。

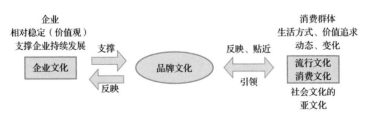

图 3-3　文化营销的过程

－ 陈春花. 管理的常识：让管理发挥绩效的 8 个基本概念（修订版）[M]. 北京：机械工业出版社，2016.
－ 陈春花. 从理念到行为习惯：企业文化管理（珍藏版）[M]. 北京：机械工业出版社，2016.

麦当劳的品牌文化理念"我就喜欢"正是建立在其"快乐文化"的企业文化之上的，并且借助品牌内涵很好地向消费者传递着其企业文化的精髓。为此，麦当劳不仅提供了让顾客喜欢的产品，还提供了面带微笑的麦当劳叔叔和服务员，通过营造快乐的环境在潜移默化中影响顾客的心情，带给顾客愉悦的体验，而健康幸福正是企业应该无比珍视的顾客价值，是企业应该为社会创造的福祉。在某种程度上说，麦当劳不是在经营快餐，而是在提供甚至引领一种简单快乐的幸福生活。

从表面上看，文化营销似乎只是一种营销方式或手段，而实质上，它是以品牌文化为契合点，在价值观和消费理念的层面上寻找更好地贴近顾客并贡献价值的方式。也就是说，对于文化营销，我们还是要回归基本层面，与消费者保持一致的思维方式。我们需要准确理解消费者，关注环境与市场的内在变化，而不是简单地将文化营销等营销创新误解为市场的变化。因此，面对日益丰富和流行的文化营销热潮，无论是对经典悠久的传统文化进行挖掘复兴，还是借助时尚潮流的社会文化开拓创新，我们都要清晰地了解并把握其本质：通过贴近消费者的生活寻找与其内心的共鸣并获得其价值认同，使企业获得持续存在和不断成长的基础。

04

产品的本质

企业赖以生存的东西到底是什么？企业品牌所具有的真实价值是什么？企业生命周期的延续或者企业品牌的生命力靠的是什么？这些问题让我想起一件事，20 世纪 80 年代初，日本经济学家小宫隆太郎来到中国考察后发表了一个令人吃惊的观点：中国没有企业[⊖]。对今天努力成长的中国企业而言，回到"有没有"这个起点来思考问题，或许能让我们更好地把握企业的本质，从根本上解决成长的难题。

　　此时，借着小宫隆太郎的观点，我们不妨再问：究竟是什么要素让企业无法成为真正的企业，只能在竞争中苦苦挣扎？不同人会从不同的角度回答这个问题，但我想到

　　⊖　刘世锦. 中国国有企业的性质与改革逻辑［J］. 经济研究. 1995，（4）：29-36.

的关键要素是"产品"。产品是企业生命与品牌的承载体，是企业与顾客交流的平台。产品是企业进入市场的前提条件，也是企业在市场中存活的根本原因。顾客在认知企业品牌的时候，感受到的正是企业的产品，如果只在其他地方花心思，而不在这个要素上做努力，企业一定会丧失自己的生命力。

产品是企业生命与品牌的承载体

1993 年，李健熙以"除了妻儿，一切皆变"为理念开启了三星长达 10 年的改革和品牌铸造之路。10 年后大刀阔斧的变革使三星一跃成为全球第一电子品牌。这让我们思考什么样的企业才能摆脱陷入困境的命运，成为一个"布局者"。其中，有一个关键要素会从根本上改变企业的命运，这就是"产品"。对企业而言，产品既是进入市场的前提条件，又是在市场中存活的根本原因。没有产品，企业就没有了与顾客交流的平台，也就没有了在市场中存在的理由。回答企业能够生存的理由时，排在第一位的就是企业能够提供产品（服务）。所以，带领企业远离困境的第一个选择是专注于产品。

专注于发展产品的生命

三星由李秉喆于 1938 年创立，1987 年交由二代李健熙掌管。1993 年 2 月，李健熙带领各分公司社长到美国洛杉矶的各大商场考察，发现三星产品在最偏僻的角落无人问津，索尼产品则在显眼的位置，买的人也多，这让李健熙感到在国际市场上三星产品是"二流货"。同年 6 月，李健熙在法兰克福召开的全体管理层会议上向世界宣布三星新的战略目标：在 2000 年进入世界十强，成为世界级超一流企业；彻底抛弃以数量为中心的经营思想，牢固树立以质量求生存和发展的经营思想；重塑三星形象，建立符合时代精神的三星文化，重视时效，埋葬形式主义⊖。

这个三星历史上著名的法兰克福宣言，也被称作"新经营"宣言。面对"抓质量，产量下降怎么办？"的问题，李健熙给出的答案是他那句现在广为流传的话："除了妻儿，一切皆变。"这充分表达了当时三星掀起新经营变革的决心，李健熙还说，"生产不合格产品就是在犯罪"⊜。

⊖ 长春晚报. 突发！一传奇人物去世！[EB/OL].（2020-10-25）. https://baijiahao.baidu.com/s?id=1681510640281533620&wfr=spider&for=pc.
⊜ 中国经济网. 终年 78 岁，李健熙如何缔造三星"帝国"？[EB/OL].（2020-10-25）. https://baijiahao.baidu.com/s?id=168150630388788 9814&wfr=spider&for=pc.

　　"新经营"掀起了三星的改革高潮，并在以后的岁月里带领三星渡过无数难关。1997 年，亚洲金融危机使韩国的现代和大宇先后倒下，而三星却因为李健熙推行的新经营顺利度过。实行新经营 10 年后，三星成为韩国公认的销售额和净利润第一的企业。1992 年三星的税前利润只有 2300 亿韩元，2002 年则达到了 15 万亿韩元，上涨了 64 倍；同期的负债率从 336% 减少到 65%；市价总值从 3.6 万亿韩元增加至 75 万亿韩元，上涨了近 20 倍，总利润占韩国上市公司的 61%。三星的品牌价值则增长到了 108.46 亿美元，跃升为世界第一。到了 2011 年，三星的销售规模达到了 1337.8 亿美元，在世界 500 强的排名为第 22 名，从二流企业一跃成为国际一流企业。

　　2014 年，李健熙因病入院，在经过六年多的治疗后于 2020 年离世。他用生命书写的"二次创业传奇"成为载入经营史册的经典案例。

　　回顾三星的发展之路，我们看到使李健熙深受刺激的是三星产品在当时是"二流货"，这在某种程度上决定了三星在当时就是"二流企业"，正如《齐鲁晚报》在李健熙去世时对其功绩的概括——"带三星从二流企业走向电子巨头"[⊖]。而在新经营时代，三星打动我的一个地方正是它对于产品的专注和偏执，这也是引发三星经营产生质变的关键点。1993 年，李健熙曾经告诫三星人："如果我们同中国的家电企业做一样的事情，我们一定输掉，因为中国家电企业更有能力做到物美价廉，所以三星必须走另外一条路，走数字产品、高端产品以及技术领先的方向。"三星大刀阔斧地剥离非核心业务，认准数码方向全力以赴，转变为以高技术和尖端设计为核心的、追求高利润率和现金流的品牌生产营销的模式，结果获得成功。

中国家电企业虽然也非常关注产品，但是对于产品创新的理解以及发展方向的把握，还是令人担心。事实上，产品拥有自己的生命特征，如果企业不能全力发展产品的生命，赋予产品内涵，产品便不会发挥它的核心作用。产品是企业生存的方式，企业是产品的生命创造者，企业和产品之间是相互依存的关系，只有赋予产品生命力，企业才能获得在市场中独立存活的力量。

⊖ 齐鲁壹点."经济总统"李健熙：带三星从二流企业走向电子巨头，两次被特赦 [EB/OL].（2020-10-26）. https://baijiahao.baidu.com/s?id=1681580511616082094&wfr=spider&for=pc.

以质量和品质取胜的思考模式

质与量是企业必须直接面对的问题。在这一问题上，三星的做法值得借鉴。三星的"新经营"强调的是以质量和品质取胜，李健熙要求追求企业的质量而非数量，不要虚无的框架，只要实实在在的利润。为此，三星只保留最重要、最有盈利前景的核心项目，比如消费类电子产品、金融、贸易和服务等，而边缘的、亏损的领域或者非核心的领域则一律放弃。这种"舍弃经营"的模式值得我们学习。三星不仅追求企业的质量，在产品的质量方面也抛弃了当时盛行的"以数量为主"的理念，积极推进质量经营。只要有一款手机出现不合格产品，三星就会将生产的15万部手机全部回收，员工们一起宣誓"绝对不会再制造这种产品"，并把它们全部烧毁。烧毁15万部手机，这需要非常大的决心。海尔走过同样的路，以质量取胜的选择也使海尔在中国家电行业中脱颖而出。

质与量的选择对于企业至关重要。一旦企业以快速增长作为自己的追求目标，就可能会出现背离顾客的行为和结果。追求企业的质量而非数量，"舍弃经营"才能使企业获得持续的生命力。在这个高度上，这些企业的管理回答的是产品的问题，管理所要解决的问题是围绕产品及其质量展开的，这样的理解使这些企业领先于同行成为一流的企业，也使管理真正承担起了自身的职责。

由此可见，是否采取以质量和品质取胜的思考模式，决定了企业的管理活动是否有效，也决定了企业在市场中是否具备能力。

以顾客为本的产品设计原则

李健熙的产品观也是三星成功的一个重要因素：强调设计要以人为本。他认为以往三星电器的遥控器设计过于复杂，因为技术人员没有考虑使用者的方便。他提出要设计出容易握在手上，只有启动和关闭功能，操作简单的遥控器。这些细节凸显三星产品的人性化设计原则。产品的最终消费者是人，如果企业开发产品时只是研究市场而不考虑消费者的需求，那么这个产品就无法打动消费者。

1993 年李健熙在美国市场考察时分别买了一台三星和东芝的录像机，拆开产品对照之后，发现三星的零部件比东芝多 30%，这种复杂性导致三星产品制作起来复杂而最终成品又很笨重，这种背离顾客的做法让三星产品即使零部件多 30%、成本更高，价格也只能往低了卖，甚至在价格已经比别人低 30% 的情况下仍无人问津。意识到问题后，三星开始从顾客的角度去设计产品，开发出部件数量与东芝相当的产品，从而获得了市场认可。洞察到"轻薄"的关键顾客价值后，三星在研发笔记本电脑时便以此为重点，这使得后来三星与东芝在笔记本电脑市场上再次相遇时，三星的产品做到了比东芝还要薄一厘米。[○]

大部分中国企业在本土市场上都用低价策略与很多跨国企业进行竞争，低成本是中国很多产品的优势，这种优势使中国企业在以往的时间里可以真正面向市场。但是，随着跨国企业在中国建立生产基地、采取全球化采购策略，中国企业已经不再具备低成本优势。所以，成本并不是产品的关键，产品的关键是对顾客价值的体现。沃尔玛坚持"顾客永远是对的"的经营原则，并做出了一系列创新来实现这个经营原则，比如开架销售、24 小时经营、连锁经营、仓储式销售、会员店、应用全球定位系统等，这不仅使顾客获得了最优质且廉价的商品，还引领整个百货业态的改变，带来了全球百货业的兴旺与发达。

我曾在第 2 章中讲道：真正影响企业持续成功的不是

○ 环球网. 三星设计的三点经验：模仿、引进技术、支持设计［EB/OL］.（2013-06-11）. https://m.huanqiu.com/article/9CaKrnJARyU.

企业的策略与目标，不是技术，不是资金，也不是流程，而是专注地为顾客创造价值的力量。这个力量最为直接的体现就是企业的产品。但是，在现实中，为了满足各个部门的需求，企业的资源经常分散，忽视了聚焦于为顾客创造价值这个关键基本要素。必须再次提醒企业，聚焦于为顾客创造价值是企业成功关键中的关键，应该专心致志于提高为顾客创造价值的能力，根据顾客的价值需求来发展策略，让顾客价值成为企业产品的起点、企业服务附加价值的起点、企业策略的内在标准以及企业行为的准则。

产品是企业理念的诠释

人们常常探究苹果创造奇迹的原因，探究为什么苹果的产品能改变整个行业、整个市场甚至全世界。我们来看看乔布斯怎样评价自己的产品："我们不做市场调查，我们不招收顾问……我们只想做出伟大的产品。""专注和简单一直是我的秘籍之一。简单比复杂更难做到：你必须努力厘清思路，从而使其变得简单。但最终这是值得的，因为一旦你做到了，便可以创造奇迹。"看到这里，我们不难理解苹果产品为什么能够那样深入人心。用极其复杂的技术呈现出简约、时尚的产品，这正是今天的人们对于产品的期待，而乔布斯带领的苹果做到了。

苹果的产品之所以比较经典，甚至拿出几年前的产品来看都不过时，就是因为简洁之美。简单让产品风格没有太强的时代烙印，更容易穿越时代成为经典。未来，随着时间的流逝，我们会越发感受到这种简单的魅力。虽然产品会与时俱进，技术也在发生改变，但不论如何，苹果的产品总是保持着简单的风格，这让其与顾客在一起时始终保持清醒的头脑，不会迷失自己，不会陷入自我"炫技"。苹果的产品承载的就是简单的理念，这样的理念或生活方式正是很多人的期许，而苹果最后用产品将其实现，完成了与顾客的价值观沟通。

在技术同质化的今天，产品需要更多地体现企业的理念，体现企业领袖的价值取向。我很喜欢褚橙，因为这个产品体现了对顾客负责的价值观，二十年来用心种橙，用勤恳认真表达着农业本身的简朴之美。我也很喜欢香港的星光集团，这个印刷企业的领导者坚持"八不印"，通过星光的产品你一定能感受到一种社会责任感。

企业理念使我们区分出不同的产品：同样是家电产品，很多人喜欢海尔，因为它的产品背后是好的服务；同样是手机，很多人会选择苹果，因为它代表了时尚与互动；同样是汽车，一些人会选择奔驰，因为奔驰是成功商业人士的象征，而另外一些人会选择宝马，因为宝马代表着年轻和活力。每个产品的区分度都源于它对于企业理念的诠释。

写到这里，我还希望大家向李健熙学习。李健熙会在第一时间对比公司的新产品和其他对手公司的产品，还鼓励公司同人使用其他品牌的电器以取他人之长。正是在他的倡导下，与时代同步、吸取同行的优点成了三星人的优势之一。

中国很多企业明确规定员工一定要用自己的产品，这虽然也是很好的做法，但是学习同行的产品，无疑会对自己企业的产品提出更高的要求。没有对别人的理解，就不可能真正理解自己，这句话放在产品上也是同样成立的：只有充分理解同行的产品，才能够充分理解自己的产品。而这种欣赏同行、向同行学习的能力，正是创新的真正来源。反过来，如果企业仅仅局限在自己的产品上，不但不能了解产品本身，更可能失去创新的来源，使企业的员工远离市场和顾客。所以，我并不提倡企业员工一定要使用自己企业的产品，相反我很赞同李健熙的观点和做法，鼓励员工使用同行的产品，在使用的过程中体会同行产品与企业产品的差异，以寻求新的突破。

产品是需要持续关注、付诸行动的，同时更是企业与顾客连接的平台。只有持续关注产品的企业才能获取顾客的心，也正是与顾客交心，企业才能够保持领先地位。一个能够体现顾客价值的产品一定能带领企业走上领先之路。

产品意图

战略决定企业命运，因此人们总是非常明确地要求企业确定自己的战略，这是明智的选择。但是，明晰了战略的企业并不都能够在竞争中获得有利地位，原因到底是什么？隐含在战略背后的关键要素又是什么？

认识产品意图

今天，很多中国企业都在为赶超全球范围内的对手而努力奋斗，人们不断地关注生产力成本，关注供应链体系的建设，寻求技术的突破，甚至为了获得有利的竞争地位而尝试建立战略联盟。但是，在欣赏这些努力的同时，我感受到我们几乎未能超出模仿的范围，许多企业发展到几百亿元的规模也仅仅是创造出国际竞争对手早已拥有的成本与质量方面的优势。当我们为企业的进步欢欣鼓舞的时候，国际竞争对手已经放弃这些，进入一个全新的领域。

这个全新的领域到底是什么？

　　这些具有优势的国际企业寻求的是另外一种与我们传统意义上的理解完全相反的战略，对此我们需要做出积极的思考。这 10 年来，我一直在收集关于战略、竞争优势和管理角色的不同观点，加里·哈默尔（Gary Hamel）和 C.K. 普拉哈拉德（C.K.Prahalad）[⊖]的观点让我认同，他们认为战略有两种相反的方向，一种是西方管理学界普遍认可的以保持战略的适应性为中心，另一种是以让资源产生杠杆作用为中心。虽然这两种战略方向不同，但是，两者都清楚地认识到了利用有限的资源在充满敌意的环境中竞争这一问题，只不过，前者强调挖掘可持续的内在优势，后者强调必须促进企业学习如何通过创建新优势而超越竞争对手。

　　先回顾一下历史。1970 年，没有几家日本公司拥有原材料基地、制造规模，或者美国的先进技术、欧洲的产业基础、闻名世界市场的品牌。本田公司比美国通用汽车公司小，还没有向美国出口汽车。佳能公司最初带有迟疑地涉足复印机技术时，其规模与价值 40 亿美元的施乐公司相比小得可怜。但是，后来本田公司为世界制造了和克莱

⊖　HAMEL G, PRAHALAD C K.Strategic intent [J]. Harvard business review, 1989, 83（7）：148-161.

斯勒公司一样多的汽车，佳能公司获得了和施乐公司一样
高的世界市场份额。这些令人着迷的现象背后一定有着内
在的要素，我把它称为"产品意图"（这个想法的产生受加
里·哈默尔和C.K.普拉哈拉德"战略意图"⊖的启发）。这
些弱小的公司能够经过 20 年的努力一跃成为与大公司并驾
齐驱的公司，正是因为它们拥有明确的产品意图：将企业
组织的注意力集中于产品成功的本质；通过产品传递企业
的价值；将员工与产品连接在一起从而激发活力；让产品
成为连接个人与团队的价值纽带；当环境发生变化的时候
提出管理的新定义以保持热情；始终如一地利用产品意图
指导资源配置。

可口可乐是一个产品意图非常明确的公司，它将其产
品意图清晰地表达出来——"买得到，买得起，乐得买"。
为了实现这一产品意图，可口可乐努力培育分装、经销体
系，让全世界范围内的每一位消费者都能"随手可得"地
喝到可乐，并且不断地与消费者沟通，由此成为全世界最
为著名的公司之一。产品意图同样非常明确的是微软公司，
微软的产品意图是"为世人提供一个看世界的窗口"，为

⊖ HAMEL G, PRAHALAD C K. Strategic intent [J]. Harvard business review, 1989, 83（7）: 148-161.

此，微软一直致力于操作系统"傻瓜化"，持续的努力使微软获得了无穷尽的未来。还有一个例子是阿里巴巴，它以平台服务的方式体现产品意图。阿里巴巴创立的交易平台帮助商家获得了直接的服务，它旗下的淘宝与天猫商城更是给众多买家提供了便捷的平台。

通过产品传递公司价值

如何展示公司价值一直是企业必须解决的问题。没有价值的公司是无法存活的，而对有价值的公司来说，用什么方式传递价值则是一个难题，产品恰好能够在其中起到作用。

在研究企业的成功之道时，很多人从企业战略入手，但我更倾向于从产品入手。很多公司在确定产品价格时，没有理解到产品本身并不体现价格，而是体现公司的价值，当这种价值与顾客产生共鸣时，顾客才会接受价格。如果仅仅从产品价格去理解市场，认为靠低价或价格战就可以在市场上胜出，或者以为定价高顾客就会以为产品好，只会使企业在市场上陷入竞争困境，或者有价无市。今天很多消费者看似对价格敏感，实质上是对价值敏感，在意的是值不值得，这是中国企业应该注意的问题。只有从公司价值出发，通过产品传递公司价值，才能在顾客和企业之间建立一种价值选择关系。一旦建立起这样一种价值选择的关系，企业就能回到顾客的价值需求中做出贡献。

　　小米手机就是一个很好的案例。2019 年，创立 9 年的小米进入了世界 500 强，对此，其创始人雷军发布微博表达了自己的激动之情："耶，世界 500 强！虽然很想假装世界 500 强不算啥，但按捺不住地激动……"我们在为这样一家中国年轻企业取得骄人成绩而感到自豪的同时，更应该看到这家企业长期践行的价值理念。相比进入世界 500 强，小米发布用户承诺的日子或许更有意义。

　　2018 年 4 月 23 日，小米公司董事会通过决议："从今天起，小米向用户承诺，每年整体硬件业务（包括手机及 IoT 和生活消费产品）的综合税后净利率不超过 5%，如超过，我们将把超过 5% 的部分用合理的方式返还给小米用户。"雷军表示这是小米董事会史上最重要的决议，雷军公众号发文说，"今天，对小米而言，是历史性的一天。刚刚在武汉大学举行的小米 6X 发布会上，我们向所有用户承诺，小米整体硬件业务的综合净利率，永远不会超过 5%"[⊖]。

　　⊖　创业家. 雷军：始终坚持做"感动人心、价格厚道"的好产品 [EB/OL].（2018-04-25）. https://baijiahao.baidu.com/s?id=1598711 130283725643&wfr=spider&for=pc.

在文章最后，雷军配了他现场演讲的照片，照片中的PPT 上显示着"小米的使命：始终坚持做'感动人心，价格厚道'的好产品，让全球每个人都能享受科技带来的美好生活"。对小米来说，这一天应该铭记，更应该铭记的是其中的内容，这份顾客承诺是小米真正的公司价值，比进入世界 500 强这一荣耀还要宝贵。

员工与产品的连接激发真正的活力

如何激发员工的活力是企业关注的根本性问题，人们往往会从不同的角度思考这个问题，很多企业选择构建激励机制、建设企业文化和创造全新的组织环境。我认同这些努力都是必需的，但并不是做到了这些，员工的活力就能被激发出来。现实的情况甚至更令人迷惑：有时企业虽然凭借这些努力激发出了活力，但这种活力只能保持一段时间，等过了一段时间后，员工又呈现出原有的状态无法改变。而观察那些一直保持活力的公司，我们会发现一个令人振奋的现象：活力来源于员工与产品的互动。

3M 公司是一个被公认为具有活力的公司，在这家公司，员工们津津乐道于全新产品的开发，每一个员工都以能够创新产品为荣，公司上下都在不断释放热情。同样具有活力的美国西南航空也是如此。这家小型航空公司在简单朴实的机舱里创造出令人快乐与享受的旅程，创造了连续 20 多年的增长和盈利，更重要的是创造了顾客全新接受的航空模式。虽然公司员工的收入不高，但是因为每位员工都是美国西南航空服务产品的代表，所以员工们给顾客带来快乐的力量被极大地激发出来，产品由此成为连接个人与团队的价值纽带。

还有一个我一直很感兴趣的例子，是青岛港的"许振超现象"。许振超是一个普通的码头集装箱装卸工，有一次总经理告诉他装卸集装箱的世界纪录，他当即决定冲击这个世界纪录，并与总经理立下约定。结果许振超真的刷新了装卸集装箱的世界纪录，成为这个领域的"世界冠军"。这是一个让人激动的例子，当装卸纪录成为许振超和总经理之间的约定时，青岛港和许振超创造了装卸领域的超人价值，换个角度说，当产品连接个人与团队的时候，个人和团队都会产生价值。

再来看看开启三星创新元年的"创新设计实验室"（Innovative Design Lab of Samsung，IDS）。为了让三星产品不再是"二流货"，让三星不再是"二流企业"，1993 年李健熙宣告三星进入产品品质的新经营时代，李健熙敏锐地意识到产品的改变关键要靠与人建立连接，必须要先有人的改变，于是，1995 年三星设立"创新设计实验室"，这里成了三星一流设计人员的"黄埔军校"[⊖]。实验室由两位国际顶尖设计师高登·布鲁斯和詹姆士·美和主导，两人提出要改变三星设计师的思维，有了新思维才能与新产品连接，并开始用 IDS 教育模式进行人才培育。

两人要求设计师首先不要守旧，不要对他们毕恭毕敬，在这个实验室里不需要强烈的尊卑意识。其次，忘掉敌人，不要满脑子想着打倒日本产品，重要的是让自己变得更好。再次，开阔眼界，他们带领大家去看世界，每年三次、每次十八天到世界各个知名城市体验不同民族的思想、发明、工艺、建筑，并随时讨论、争辩，回来之后还要求大家写出新的感受。最后，也是最重要的要求是，设计师要正中靶心，要像人类学家一样敏锐洞察文化，他们认为，全球最大的市场不是在哪一个国家，而是在人性，如果不能切中这个靶心，就算产品塞满顾客的眼睛，也入不了其法眼。

通过这些方式，三星建立了设计师与产品的连接，从

⊖ 中国经济周刊. 三星创新设计实验室的秘密［EB/OL］.（2004-12-20）. http://finance.sina.com.cn/review/observe/20041220/17201237598. shtml.

而真正激发了产品活力。

十年之后，三星获得了 18 个 IDEA 奖项（被誉为工业设计界的"奥斯卡"）、26 个 iF 奖（由德国汉诺威工业设计论坛颁发）、27 个 G-Mark 奖（由日本工业设计促进组织颁发的优秀设计奖）。这个实验室为三星培育了大量卓有成效的设计人员，更重要的是，这种新的理念在三星各部门广泛传播，影响着更多人。这个经典的案例值得我们认真领悟，看看创新产品在经典的种子阶段是如何培育的。不要守旧、忘掉敌人、开阔眼界、正中靶心，这套 IDS 教育模式是在培育人，也是在培育产品，二者合一创造了产品的生命。

产品承载精神

今天的消费不再是纯物质消费，人们需要的是通过消费来满足精神的追求。市场上涌现出许多高精神含量的产品和服务，足以说明这个现象。

仔细观察市场，我们不难发现，成功的产品都能和顾客的内心产生共鸣，消费者希望通过产品消费达到价值认同。最常见的做法是在功能之外提供精神上的愉悦。美国运动品牌的后起之秀安德玛和库里的合作就是典型案例。"小个"库里成为 NBA 超级巨星展现的正是美国的 Underdog 文化，也就是草根逆袭的精神，这种非常明确的价值追求让双方一拍即合。对安德玛的顾客来说，购买其产品不仅能获得产品的功能，更能得到精神上的共振。

体验与想象

丹麦未来学家罗尔夫·詹森（Rolf Jensen）在 2001 年出版的《梦想社会》(*The Dream Society*) [○]中说道："我们可以这样说，1999 年是个临界点，是欧洲和美国开始明显发现资讯时代不会延续下去的时点。换句话说，人类即将进入新纪元——一个以故事为主导的年代。我们将从重视信息过渡到追求想象！"

罗尔夫·詹森举了鸡蛋的故事来说明这一点。他说，在 1990 年，几乎所有丹麦人都购买在工业化农场生产的鸡蛋，只有少数人选择天然农场的鸡蛋，毕竟，自然生产的鸡蛋的价钱是"工业"鸡蛋的两倍。及至 1999 年，丹麦超市的鸡

[○] JENSEN R.The dream society: how the coming shift from information to imagination will transform your business [M]. New York: McGraw-Hill Professional, 2001.

蛋竟有一半来自自由放养的鸡群。而实际上，两种鸡蛋的味道是一样的，甚至实验室都找不出两者之间的分别。但顾客就有追求天然的情结，他们宁愿为此付出金钱代价。由此可见，"我们现在选择那些包含感人故事的产品"。

罗尔夫·詹森还讲了美国著名烟草品牌万宝路（Marlboro）的故事。万宝路不仅是香烟，更能为消费者讲述一个完整的故事，这个故事包括有个性的衣服和冒险旅行。这个关于美国西部旷野的故事倡导独立的价值、冷静和锲而不舍的个人力量，这些价值通过无数产品和服务体现出来。他的结论是"当我们购物时，事实上我们在商品中寻找故事、友情、关怀、生活方式和品性。我们是在购买感情"。

的确，一个产品如果不能够附着人们的想象力和向往，是无法存活下来的。也许我们可以用"情感""精神""梦想"等一系列概念来诠释它，但是这一切都在描述一个根本的事实，那就是产品应具有灵魂，而不只具备简单的功能和结构。有意思的是，这些年中国具有超高电影票房的电影正好传达了这些概念，《你好，李焕英》触碰了人们的情感，《战狼 2》之于人们是一种重要的精神振奋，《流浪地球》系列则展现着我们的航空梦想。这些产品的强大之处不在于技法，很多大导演包括很多专业或资深导演在电影手法上可以做到更好，却不一定能像它们一样触碰人们内心的灵魂。看看这三部电影作品的导演——贾玲是喜剧演员，吴京是动作演员，郭帆的大学专业是法学、研究生到北京电影学院管理学院学习制片管理，他们看起来似乎不够专业，但在对产品灵魂的把握上，他们的确有其过人之处，而这恰恰是产品之本。

现在，人们消费的产品已经不再是产品本身，而是情感和期望。消费者把自己的想法、期望甚至梦想投射到产品上，希望借助产品来寄托、感受甚至宣泄自己。瑞士手表深谙此道，在瑞士诞生的这些著名的品牌手表，不只是人们看时间的工具，而且是深邃、守约、精准以及典雅的象征。当腕上带着其中一款瑞士手表的时候，消费者心中感受到的不只是时间，而且是承诺和确信。传统的手表产业，因有着个性的追求，愈加焕发出时代的光芒，并具有了永恒的时间价值。

从价值出发

人们一直关注中国企业和西方跨国企业之间的差异，很多人说差异源于技术、资金以及经营历史。但是，我想对顾客而言，根本的差异其实是产品的差距，这种差距不是来自产品功能的差异，而是来自产品给予顾客价值感的差异。那么，产生差异的缘由是什么呢？其实就是产品所承载的"价值之差"。

饮料是最常见的产品之一，但是可口可乐却能让每个时代的人都集聚在它的周围，超越时代、距离、地域甚至文化。这个产品之所以能连接不同消费群体，靠的就是它给予每一位顾客的"挡不住的感觉"。在可口可乐的市场总价值中，情感实体远大于物质实体，对于可口可乐和华尔街来说，罐装饮料厂、卡车、原材料和建筑物这些有形物质资产远远不如全世界的顾客对这一品牌的好感重要。换句话说，可口可乐所创造的顾客忠诚度是难以估量的，即使是最出色的首席财务官都无法量化这一部分的资产负债，而价值的确就在这里。

我到北京首都国际机场 T3 航站楼乘机时，只要时间足够，都会到哈根达斯店里坐一会儿，吃吃哈根达斯冰激凌，让绷紧的神经暂时放松下来，享受瞬间的美好。哈根达斯的名称和标识让人感受到美。是的，它代表冰激凌，但是，所有喜欢哈根达斯的人都知道它更代表美好的感觉。

那些和人们的生活融合在一起的产品，已经不能简单地称为"产品"，人们常常会把这些产品和生活方式等同起来。20世纪50年代，在美国摩托车市场，日本摩托车以便宜可靠著称，日本摩托车企业的崛起造成很多美国本土摩托车公司停产，哈雷摩托成了美国仅剩的摩托车生产者。但是，到了1999年，情况却发生了变化，美国样式的摩托车重新开始风靡。比起日本的竞争对手，美国企业更善于给摩托车创造某种类型的故事，哈雷摩托由此一直保持着强劲的竞争地位。在富裕的社会里，摩托车不仅是交通工具，还能讲述很多故事，具有展现车主品位、风格等无形的价值。在美国消费者眼中，哈雷摩托不仅是一台摩托车，更是个性和理想的化身，是某种生活方式的表达。

菲尔·奈特（Phil Knight）推出耐克品牌后，将运动健身的灵感与创新性产品展示结合起来。例如，在展示耐克的气垫运动鞋时，耐克本来可以花上千万美元宣扬产品的价值——这款运动鞋在鞋跟中薄而柔韧的膜中装了气垫，外面包着成形的脚框架，并附有一种动力健身系统。但是，耐克最终只简单地展示了一下产品，但是与顾客在更深、更鼓舞人心的层次上做了交流，让人在更广阔的运动健身世界里了解这一产品的真正意义。这超越了产品本身，让人感动。

上述这些产品之所以能和顾客连接在一起，正是因为它们具有了顾客所要的价值，可以说这些产品就是顾客想象和期待的载体。按照密歇根大学商学院教授 C.K. 普拉哈拉德及文卡特·拉马斯瓦米（Venkat Ramaswamy）⊖的说法，权力钟摆向顾客的移动使产品"不过是一种顾客体验"。就像柏拉图所认为的那样，人们在日常生活中体验的任何具体事物的各个侧面都存在着该事物的"理念"，是理念使事物更长久，甚至拥有永久的意义。

我关注探路者这家做户外运动服饰的公司是由于它对生活方式的认识，对产品与生活意义之间关联的认识。今天，户外运动所展示的是一种跨越、融入自然、自我主宰的生活方式。与探路者关注户外相反，一些企业关注到人们的疲惫和需要"慢生活"的意愿，养生产品应运而生。我们可以把这样的追求称为个性的生活风格市场，这个生活风格市场的持续成长无关物质的追求，而是驱向感觉的塑造。

如果企业还是孤立地看待自己的产品，实在是过于落后了。产品只是载体，打动顾客的是"内涵"，是企业所要

⊖ 普拉哈拉德，拉马斯瓦米. 消费者王朝：与顾客共创价值［M］. 王永贵，译. 北京：机械工业出版社，2005.

传递的企业价值和追求。当消费者购买产品时，就等于购买这一品牌所代表的某种信念和态度，产品反而是随着购买这些信念而来。企业必须了解到这一点，并做出适当的反应和调整。

从企业所追求的价值出发，而非产品本身出发，就是优秀企业和一般企业之间的差异。随着技术和市场的开放，产品在功能上不会有太大的差异，但是顾客感知价值的差异却会非常巨大，就如20万元的汽车和200万元的汽车在行驶功能上不会有太大的差异，但是在驾驶的乐趣、营造的感受以及一系列相关的联想上却有着非常大的差异，而人们之所以愿意支付高价，正是这些"核心价值"在起作用。给产品赋予"生命的意义"，是中国企业缩小与世界优秀企业之间差距的根本选择。

05

第 5 章

服务的本质

服务是企业寻求营销创新的一个有效方法，海底捞和招商银行等很多中国企业以服务取胜，获得了非常好的效果。但是，认真评价中国企业所做的服务的实际绩效时，我们会发现一个奇怪的现象：大多数中国企业是用服务来弥补产品的不足，服务并未带来产品的附加价值。如果不能增值，服务就没有任何意义。

　　"在这 10 年里，服务将会步入产业的前沿"，不记得什么时候，我在自己的读书笔记上记下这句话，这句话可以说明服务对今天各个产业变化的影响。现在回想起来，我写下这句话的时间或许是在 21 世纪之初。那时我们的企业经过 20 年的发展已经有了一定的产品能力，不再连产品都拿不出了。现在看来，不仅是在 21 世纪的头 10 年，在进入 21 世纪之后的 20 年甚至更长久的未来，服务都是企业创造价值的重要舞台。

　　事实上，从 20 世纪 90 年代中期开始，企业对于服务战略的可行性就有了显著的需求。因为产品战略已经不足以满足企业的盈利需求，也不足以满足顾客的生活需求了。由此，在产品战略之后，学者们构建了一个可靠的新方案，即适当实施服务战略为企业带来大量利润，这成为企业的利润增长点，更成为顾客价值的增长点。

理解服务

　　著名学者 B. 约瑟夫·派恩（B.Joseph Pine Ⅱ）和詹姆斯·H. 吉尔摩（James H.Gilmore）[⊖]在世纪之交借一本书指出了体验经济（experience economy）的来临。书中开篇就讲了一个故事：经济的演进，就像母亲为小孩过生日、准备生日蛋糕这一过程的演化。在农业经济时代，母亲用自家农场的面粉、鸡蛋等材料亲手做蛋糕，从头忙到尾，成本不到 1 美元。到了工业经济时代，母亲到商店里，花几美元买混合好的盒装粉回家，自己烘烤。进入服务经济时

　　⊖ 派恩，吉尔摩. 体验经济［M］. 毕崇毅，译. 北京：机械工业出版社，2012.

代，母亲通常会向西点店或超市订购做好的蛋糕，花费十几美元。到了今天，母亲不但不用烘烤蛋糕，甚至不用费事自己办生日晚会，而是花 100 美元将生日活动外包给一些公司，请它们为小孩筹办一个难忘的生日晚会。这就是体验经济的诞生。书中还提到，在服务经济时代，服务是附属于产品、帮助产品实现价值的，而到了体验经济时代，服务本身成为关键性的增值部分。我们正处在这个时代，所以必须认识服务的两个基本特征：行动、承诺。

服务是行动而非形象

在一次 EMBA 的课程中，我和同学们讨论服务与形象的关系，大部分同学认为，甜美的形象可以向顾客传递服务的理念，航空公司空姐的例子就可以说明这一点。这些例子和观点似乎得到了很好的验证，但是，当我问大家：如果还是这些漂亮的空姐，但是飞机一直晚点，应该配给的餐饮没有送到，你还会觉得航空公司的服务很好吗？同学们纷纷摇头，他们说相比于飞机延误，再好的空姐形象都无济于事。

青岛海景花园酒店是我极其推崇的酒店，良好的服务成就了这家酒店，使它从一家普通酒店发展成为著名的五星级酒店。具体来说，这家酒店总是给顾客不寻常的感受，总是能够让顾客在细微之处感受到被照顾和关怀，而这一切都是通过一线员工一点一滴的行动来实现的。我曾经在网络上看到这样一篇博文[⊖]：

> 我在海景香园楼多伦多厅宴请朋友吃饭，也算是家庭聚会吧，吃饭的时候，8 岁的儿子要看他喜欢的卡酷动画频道，希望服务员帮他调出这个频道，但我们搜了好多频道，都没有发现卡酷动画频道。后来才知道，包间的电视不是有线的，所以就安慰儿子虽然不能看他喜欢的《喜羊羊与灰太狼》了，但回家后可以在电脑上补上落下的那一集。我们几个大人聊天聊得正高兴的时候，突然听到儿子"咯咯"地笑个不停。一看，原来他正在被动画片逗乐，这才知道服务员用随身带的对讲机连线网络部门远程遥控调出了卡酷动画频道，这让我们非常感动。服务员的这一做法，真正诠释了海景的文化理念之一：设法满足顾客需求，让顾客有一个惊喜。

> 宴请完朋友，我打电话给酒店的前台，了解到美容美

⊖ 孙海蓝. 管理文化到文化管理［EB/OL］.（2009-05-14）. http://www.jiangshi.org/517633/blog_846869.html.

发中心营业到凌晨 1：30。当晚 9：40，我来到美容美发中心美容，我问服务员，脸刚做完美容回房间后可不可以洗澡，服务员笑着告诉我："我帮你洗洗头发，回去就可以不用洗脸和洗头发了。"服务员的反应很快，她站在客人的角度上着想，立刻让我产生了好感。洗完头发后，我感觉很开心，其实我就是来美容的，没想到服务员还帮我洗了头发，而且并没有增加费用，这的确给了我一个惊喜。美容后回到房间已经是晚上 11：40 了，我冲完身上想刷牙入睡，挤牙膏的时候，突然发现我带的牙膏旁边多了一个"伴"，是一支新牙膏，旁边有一张小留言条："看到您自带的牙膏不多了，为了不耽误您用牙膏，特意送您一支高露洁，希望您能喜欢。"

海景花园酒店里，随处可见微笑着问候顾客的服务员。住进酒店给我印象很深的有一位女服务员，尽管我不知道她的名字，但我记住了她的微笑，记住了她深深的一对酒窝，还有那深深的鞠躬。她为我送水果，临走的时候她和我面对面笑着弯腰退出房间，温文尔雅，彬彬有礼。我不经意咳嗽一声，出门以后再回来发现房间里面已经有人送来"金嗓子喉宝"，还有一张温馨的卡片，提示我吃润喉片。考虑到我的嗓子，酒店还专门给我送来银耳汤，作为一个宾客真的有一种强烈的感觉：自己是他们的"上帝"。

为了寻找服务中的问题，我特意设置了一些障碍，比如在垃圾桶里扔了一双破损的丝袜，晚上回房间的时候，我发现房间里放着一包袜子。服务员是怎么知道我需要袜子的呢？我想知道答案，于是特意打电话给服务员表示感谢，我问是怎么知道给我准备丝袜的。服务员告诉我，她看到垃圾桶里有我丢的袜子，心想我出门带的袜子肯定不多，就送给我一包……类似的细节还有很多，海景花园酒店的服务员心够细吧！

海景精神是"以情服务，用心做事"，注重以充满真情和细致入微的服务打动客人，进而打造品牌。海景人都懂得，没有给客人留下可传颂故事的服务就是零服务，要努力实现"三个境界"：让顾客满意—让顾客惊喜—让顾客感动。十几年来，海景不断提炼和升华企业文化，坚持以文化育人，使企业文化学习成为员工的必修课。企业先后编写了《企业文化手册》《优质服务》《理念一句话》等多种手册，构建了有自己特色的文化体系。十几年的文化渗透，使酒店的文化理念深深植根于员工心中，使顾客意识和服务观念潜移默化地成为员工自觉的行动，使海景人形成了这样的行为习惯：想方设法、竭尽全力解决顾客的一切问题，即使看似没有问题也要努力发现问题，超出顾客的心理预期，用实际行动带给顾客惊喜。

服务是承诺而非态度

大部分情况下，人们都认为好服务的标志是"微笑"，很多窗口单位在提倡或者强调服务的时候都会要求做到"微笑服务"。但是，这真的是服务好坏的关键吗？我认为这种认识是错误的。服务的好坏可以用微笑来表征，因为微笑服务表明人们的立场和态度，表明人们愿意为做好服务而付出努力，但这绝对不是服务好坏的关键，因为服务是承诺而非态度。

十余年前的一个夏日，我到北京，朋友告诉我一定要去试试海底捞，起初我并没有特别在意，因为天太热，不想吃火锅。但是朋友一再推荐，于是我决定去尝一尝，到了餐厅，我被眼见的情景震惊了：三伏天竟然有食客排长队！我顿时好奇起来，海底捞是何方神仙，竟有如此能耐？它靠什么招数赢得"见多识广"的首都火锅爱好者的青睐？

一篇文章写道，问那些三伏天在门外排队的食客为什么喜欢海底捞，他们说："这里的服务很'变态'。在这里等着，有人给擦皮鞋、修指甲，还提供水果拼盘和饮料，还能上网、打扑克、下象棋，全都免费啊！""这里跟别的餐厅不一样。吃火锅时眼镜容易有雾气，他们给你绒布；头发长的女生，就给你皮筋套，还是粉色的；手机放在桌上，吃火锅时容易脏，还给你专门包手机的塑料套。""我第二次去服务员就能叫出我的名字，第三次去就知道我喜欢吃什么。服务员看出我感冒了，竟然悄悄跑去给我买药。感觉像在家里一样。"[⊖]

不仅顾客们在海底捞感到宾至如归，就连同行也纷纷前来取经。2006 年，百胜中国公司将年会聚餐地点定在了海底捞北京牡丹园店，并说这顿饭的目的是"参观和学习"。百胜是世界餐饮巨头，旗下的肯德基和必胜客开遍全球，而当时海底捞总共不过 20 家店，海底捞的创始人张勇说："这简直是大象向蚂蚁学习。"次日，在百胜中国年会上，张勇应邀就"如何激发员工工作热情"做演讲，演讲后他被这些"大象学生"追问了整整 3 个小时。

1994 年，还是四川拖拉机厂电焊工的张勇在家乡简阳

⊖　黄铁鹰，梁钧平，潘洋."海底捞"的管理智慧［J］. 哈佛商业评论（中文版）. 2009,（4）：82-91.

支起 4 张桌子，利用业余时间卖起了麻辣烫，这就是海底捞的雏形。到 2022 年底，海底捞在全国各地开了 1300 多家店，张勇成了 10 万多名员工的董事长。张勇认为，人是海底捞的生意基石。客人的需求五花八门，单是用制度和流程培训出来的服务员最多能达到及格的水平。制度和流程对保证产品和服务质量所起到的作用毋庸置疑，但同时也压抑了人性，因为它们忽视了员工最有价值的部位——大脑。让员工严格遵守制度和流程，等于只雇了他们的双手。

大脑在什么情况下最有创造力？心理学家的研究表明，当人用心的时候，大脑的创造力最强。于是，让服务员都能像自己一样用心就变成张勇的基本经营理念。怎么才能让员工把海底捞当成家？答案很简单：把员工当成家里人。海底捞的员工住的都是正规住宅，有空调和暖气，可以免费上网，而且有专门的保洁人员打扫卫生、换洗被单。员工通常步行 20 分钟就能到工作地点。不仅如此，海底捞还在四川简阳建了海底捞寄宿学校，为员工解决子女的教育问题。员工的父母也没有被海底捞忽视，海底捞每月都会将优秀员工的一部分奖金直接寄给他们在家乡的父母。

要让员工的大脑起作用，除了让他们把心放在工作上，还必须给他们权力。200 万元以下的财务权交给了各级经理，而且，海底捞的服务员都有免单权。不论什么原因，只要员工认为有必要，就可以给客人免费送一些菜，甚至免掉一餐的费用。聪明的管理者能让员工用大脑为他工作，当员工不仅仅是机械地执行上级的命令时，他就是一位管理者了。按照这个定义，海底捞是一个由 10 万多位管理者组成的公司。

海底捞把培养合格员工的工作称为"造人"。张勇将"造人"视为海底捞发展战略的基石。海底捞对每个店长的考核只有两个指标，一是客人的满意度，二是员工的工作积极性，同时要求每个店按照实际需要的 110% 配备员工，为扩张提供人员保障。

我不记得自己去过这家餐厅多少次了，我看到的是海底捞员工们的努力真正打动了顾客，而公司的理念也通过员工们的行为传递出去。无论是跑步送菜的员工、像表演节目一样拉面的员工，还是站在顾客身边做服务的员工，你都能从他们身上感受到发自内心的快乐。他们细腻而准确地为顾客解决问题，一餐饭给予顾客的是身心愉悦的感受。"顾客满意"这四个字由此很清晰地体现了出来，这不是口号，不是理念，而是实实在在的顾客感受。

服务的真谛

　　服务作为一种商业模式，这句话已经被人们广泛认同，但是，如何真正实现这一商业模式，却是需要经营者好好思考的问题。到底什么样的服务才是顾客真正需要的服务？在很长一段时间，中国家电企业以服务为主要营销战略来推进企业的成长，但这真的是顾客需要的吗？我想，对购买家电的顾客而言，他们最需要的是产品的稳定性和可靠性，而不是售后维修服务。所以，这里需要说明的是，过去我们的家电企业提供的服务更多是产品售后服务，是依托于产品的，这时服务还没有成为可以独立创造价值的业务，实际上被埋藏在产品之中了。为了释放服务这一项本可以独立创造价值的业务，经营者需要了解服务的真谛是什么。我从两个方面来表达我的观点：服务是给顾客创造意外的惊喜；服务是由员工提供的，所有员工要拥有服务的心态。

给顾客创造意外的惊喜

　　去南极是我最大的梦想之一，2011 年 1 月，我乘坐公主号邮轮开始了这段旅程，一路上很多事物带给我震撼，冰川、企鹅、鲸鱼、变化无常的天气、汹涌的波涛、灿烂的旭日与艳美的晚霞……但是，真正让我感动不已的是在船上发生的一件小事，从中我真切感受到了什么是服务的真谛。

　　同舱的团友找不到自己的手机，我们翻遍了房间里的所有地方，还是无法找到，所以就和负责客房卫生的服务生说，手机不见了，请他留意，希望能找到。和服务生说好之后我们就到餐厅去吃饭了，回房间的路上，团友还说："你说，我的手机会找到吗？"我安慰她："应该会找到。"打开舱门的时候，我们得到了一个大大的惊喜：一只白色的"小企鹅"握着团友的手机迎接我们回来。那一刹那，我们都惊呼了起来，不仅是因为看到了手机，更是因为看到了一只可爱的"小企鹅"。原来服务生不仅找到了手机，还用白毛巾折了一只企鹅，并让企鹅握着手机，这份贴心带给我们的惊喜简直无法用语言形容。这一刻，我开始理解服务的真谛是什么：用心给顾客创造意外的惊喜。

　　派恩和吉尔摩[⊖]说得对，到了体验经济时代，服务本身成为关键性的增值部分。

　　⊖　派恩，吉尔摩. 体验经济［M］. 毕崇毅，译. 北京：机械工业出版社，2012.

　　迪士尼乐园创造出独特、丰富的体验项目，用心描绘、激发每个人心里潜藏的梦想。在迪士尼乐园，每一位员工都被称为"演员"，米老鼠、唐老鸭就是表演的道具，员工的任务是利用这些道具"制造欢乐"，而管理层的任务是"分配角色"。新员工到迪士尼乐园上班的第一天，被告知的不会是"你的工作是保持这条大道的清洁"，而是"你的工作就是创造欢乐"。迪士尼乐园利用服务创造出了独特价值——"制造梦想，激发快乐"。

　　在公主号邮轮上帮团友寻找手机的经历，也让我感受到了同样的快乐和喜悦，感受到了由员工创造出来的服务所带来的增值。很多时候，企业经常幻想留住所有顾客，这是不现实的。但是，如果企业能够提供像公主号邮轮那样的服务，就真的可以留住顾客。离开邮轮的时候，我告诉自己，以后如果还有机会乘坐邮轮旅行，我还会选择公主号，只因为这只小小的白毛巾企鹅。服务来自对顾客体验的认识，来自对顾客价值的理解。能够站在顾客的角度看待问题，同时又超越顾客的想象，给顾客带来惊喜，这样的服务不是单纯的承诺，而是创造性的承诺，是用心和充满创意地带给顾客超值体验。

　　企业必须真正以顾客为中心，重要的不是产品和服务本身，而是让员工的服务释放出创造力。不要一味将资源用在所谓的服务设计上，而要多关注那些能让员工理解顾客、理解服务真谛的事情。如果所有员工的行动都能提升服务水平，顾客一定会得到非常多的意外惊喜，进而认同企业并成为忠诚的顾客。而其中的关键是每个员工都能创造性地服务，在服务中融入创意、喜悦和用心。

很多时候，企业会认为服务是一个比较难衡量的因素，因此企业常常把服务确定为承诺的条款，这并没有什么错误，服务本身就是承诺和行动，但是能带来顾客忠诚的服务，必须能给予顾客意外的惊喜，并超越顾客的期望。这说起来好像很难，但如果员工愿意用心去做，又是非常容易做到的，最重要的还是员工的创意以及对于顾客导向的价值认同。用心，一切创意皆有可能。

员工要拥有服务的心态

员工拥有服务的心态是形成有效服务的关键，因为心态决定态度，态度决定行为。我们知道服务是一种行动、一种承诺，如果员工不能从内心认同服务，在行动上就会迟缓甚至不作为。让员工拥有服务的心态是服务真谛的另一内涵。

企业必须真正了解员工到底掌握了什么技能、员工在工作中拥有什么样的心态和想法，因为员工直接面对顾客，他们的能力和态度决定了企业服务的品质。企业必须保证将最有能力和水平的员工、最愿意为顾客提供服务的员工留在一线，让员工的积极性和创造性充分发挥出来，以获得令顾客称赞的服务品质。

青岛海景花园酒店在服务方面堪称一流，每位客人都能感受到这家酒店对他的关心和呵护。一个冬天的早晨，我的汽车无法启动，酒店的门卫问我是否需要帮忙，我问他如何帮，他说可以打电话让车队里的人来帮忙，我问他："这么早、这么冷，你能叫来他吗？"他的回答非常有意思："只要是客人的问题，总经理我也可以叫来。"这就是为什么海景花园酒店能够为顾客解决问题，因为它的一线员工有权调动酒店的资源。

正如俗语所言"最长的脚趾最先知道疼"，一线员工因为直接接触顾客，因此最清楚顾客的所想所需。如果企业能够赋予一线员工资源的使用权，他们就会第一时间解决顾客的问题，而这正是服务心态的基本要求。

山姆·沃尔顿曾经说过："与你的员工分享你所知道的一切；他们知道得越多，就越会去关注；一旦他们去关注

了，就没有什么力量能阻止他们了。"如果我们能够让员工
以服务的心态为顾客提供服务，他们一定可以给顾客带来
极大的价值创造。

　　美国西南航空的案例就能说明这一点。当一位旅客带
着心爱的小狗进行假期旅行却发现航空公司规定小狗不能
带上飞机时，登机口的服务人员不是让他取消这次旅行，
而是主动提出在这两个星期内为这位旅客照顾他的小狗，
以便旅客能够安心旅行。一名员工陪同一位年长的乘客一
直到达下一个机场，确保她能顺利转机。这类故事在西南
航空不胜枚举。因为公司非常理解员工决定服务品质的道
理，"顾客"这个词总是以大写的形式不断地出现在公司的
文件中，而且，西南航空把员工看成"内部顾客"，确保公
司是一个舒适、快乐的工作场所是公司管理层追求的目标。
在公司看来，如果员工感觉十分舒适，他们就会笑脸常开，
并提供更优质的服务。

　　西南航空的领导人赫布·凯莱赫（Herb Kelleher）认为
工作不应该老那么严肃，专业精神不会轻易受损害，快乐

　　⊖　沃尔顿，休伊. 富甲美国：零售大王沃尔顿自传［M］. 沈志彦，等
　　　　译. 上海：上海译文出版社，2001.

是一股激励力量，可促使员工更开心、更有效地工作。[○]西
南航空不会因为员工过分倾向顾客而责备与为难他们，但
是会因为员工不懂一些基本常识而严厉处罚他们。

到底有多少人拥有愿意为别人服务的心态呢？又有多
少人真正喜欢他所从事的行业和工作呢？在一次次的企业
访问中，我最常感受到的是人们对于工作和职业的厌倦，
大部分人都认为他所从事的职业和行业是最辛苦、收入最
低、最没有前途的。在一些公司里我甚至看不到一名快乐
的员工，在日常生活中我们也常看到忧郁的人群。我曾经
惊讶于不同员工的精神面貌差别，后来我才明白，这是因
为人们对于职业的心态不同，在长期工作之下身心也随之
发生了变化。试想一下，如果人们不喜欢自己的职业、自
己的工作，又何来快乐的心态，更不要奢谈服务了。

免费服务的模式对吗

对中国企业来说，服务算得上是最熟悉的一个词，以
服务来进行经营的企业不在少数，海尔的"星级服务"就

○ 李红柳. 西南航空：强大企业凝聚力保障高效率［EB/OL］.（2011-
03-01）. http://blog.sina.com.cn/s/blog_72037e530100ploy.html.

是一个代表。但是，很多企业在服务上的努力并没有得到期望的结果，反而导致顾客的期望被拉高、支付的成本更高，而顾客却并不满意。

为什么会这样呢？我在《回归营销基本层面》这本书里专门分析了中国企业的服务模式——免费服务[⊖]。在书里，我非常明确地提出，这个服务模式是错误的。如果企业不对自己的服务收费，就不会在压力的迫使下明确自己的承诺，也绝不会有人关心顾客最需要的到底是什么，员工们会想：我只管做那些我想到的事就好了。

免费服务体现了很多企业存在的一个误区：把服务当作弥补产品不足的手段，把顾客满意等同于顾客服务。

服务不是用来弥补产品不足的

把服务定位于弥补产品的不足，是一个非常可怕的观念。这些企业在意识到顾客不满的同时，高举服务的大旗，却忽略了产品才是战略的中心，错把服务当作弥补产品不足的手段，错把顾客服务等同于顾客满意。殊不知，服务与产品之间不是相互提升价值的关系，而是为顾客创造价

⊖　陈春花. 回归营销基本层面［M］. 北京：机械工业出版社，2016.

值的两个同等重要的方面。两者不是互补关系，而是平行
关系。产品的价值须由产品自己来解决，服务的价值须由
服务自己来解决。因此，服务带来的应该是增值，如果服
务没有带来增值，就没有意义。

每次看到企业强调服务如何有效以及将与顾客终身相
伴时，我总是很紧张，因为我担心企业忽略服务的价值，
我担心企业由于对自己的产品不够自信、害怕在使用的过
程中发生故障而把服务放在非常重要的位置，并且不惜投
入巨大的资源。

一次，我参加了一家拥有自主创新产品的公司讨论其
发展战略的会议，经理们在分析企业拥有的优势时，认为
服务是其最大的优势，因为它拥有超过400人的服务队伍，
而对手的服务队伍只有不到10人。经理们坚持这是自己的
企业超越对手的最重要因素。我问大家：为什么在两家企
业的销售规模和市场占有率没有太大差距的情况下，对手
只需要10个人的服务队伍？顾客是否会认为其服务人员
少是因为产品质量更可靠？而这家公司400人的服务队伍
很可能会让顾客认为其产品质量的可靠性有待确认。所以，
在强调服务是企业优势的时候，我非常希望管理者认真思
考：服务带给顾客的价值是什么？服务是否在替代产品发

挥作用？服务是否在弥补产品的不足？一定要清晰地回答
这些问题，并找到答案，唯有这样，才能尽量减少服务替
代产品价值的情况出现。

　　不过，虽然企业不应将服务定位于弥补产品的不足，
但服务"补偿"却是很有必要的。苹果直营店的服务"补
偿"给我留下了特殊的印象。苹果直营店的特色服务之一
是天才吧（Genius Bar），天才吧的苹果专家（specialist）都
在苹果总部接受过专业培训，对苹果的全线产品了如指掌，
能解答你的各种技术问题，帮你做从查找故障到着手维修
的一切事务。只要提前预约时间，店里就会为你保留座席。
除此之外，苹果专家会为你提供一对一的私人购物服务，
他们会向你展示苹果产品，帮助你了解并试用你感兴趣的
某款产品，为你提供友好而专业的建议与技术服务，你不
需要有任何压力——完全没有购买的义务。

　　发掘一种绝佳方式以了解和体验全新的苹果产品是苹
果设计的独特的服务"补偿"。苹果凭借着服务"补偿"
与顾客进行完美的互动，在这个过程中，服务不会为产品
不足做补救措施，而是通过帮助顾客了解新资讯、提供私
人培训、组织商务活动和青少年活动等方式为实现顾客购
买产品的增值需求做出努力。这些用心设计的服务大大提

升了人们对苹果产品的兴趣，并诠释了产品本身的价值。

服务应创造独立的价值

朋友买了一部手机，半年修了四次，每次维修中心的态度都极好——派人上门取、维修期间提供代用机、修好了派专人送回来……这些服务全是免费的。但朋友发誓说她再也不用这个品牌的手机了。这家公司投入了大量的资源做服务，试图用服务去弥补产品的不足，但失败了。

而一些成功的企业却反其道而行之。有一家普通的机械制造公司，下面有两个事业部，产品分别是小型包装机和小型食品机。如同其他珠三角民营企业，这家公司的产品以低价和快速的模仿创新占据了低端市场。其顾客一方面非常欢迎这些物美价廉的产品，另一方面又对不稳定的质量怨声载道。为了安抚这些受伤的顾客，这家公司建立了庞大的售后服务网络，每年的利润有很大一部分重新回到了顾客那里。于是，公司虽然销售额保持着两位数的增长，利润率却直线下滑，更要命的是，顾客并不买账，他们依然怨声载道，甚至一有机会就选择更优质的进口产品。

痛苦的老板开始寻求咨询顾问的帮助。

顾问问了一个问题："你的服务收费吗？"

老板瞪大了眼睛，说："当然不收！"

顾问告诉他："那就开始收费吧！"

老板的眼睛瞪得更大了，心想要不要把这个顾问赶出去。不过最后他决定听顾问的试试。

当售后服务部门被迫向顾客收钱时，他们发现单凭维修机器根本不可能让顾客买账，同时他们发现自己原来可以为顾客做更多的事情：帮助顾客培训维护人员从而减少生产停机时间，帮助顾客改善工艺从而挖掘设备潜能，帮助顾客设计配套方案从而实现总成本最低。终于有一天，售后服务部门突然发现，两个事业部的两类产品往往分别销售给同一个顾客，而售后服务部门完全有能力把这两类产品与一些外部产品加以组合，从而为顾客提供一套完整的产品线解决方案。而顾客愿意为这套方案多支付的价钱几乎是购买设备的 25%！

一年后，这家企业实现了营收和利润率的同步增长，同时顾客满意度大幅提升。新利润来源于它的售后服务部门，这个部门不但实现了服务收费，而且当年的设备销售额占到整个公司的 15%。对了，这个部门已经不再叫售后服务部了，而改名为顾客增值服务部。

这是一个真实的故事。表面上看起来匪夷所思，其中的道理却出奇地简单：顾客愿意付钱的服务才是他真正需要的。换言之，凡是无法为企业带来利润的服务，就无法保证为顾客创造价值，当然，也就不能指望顾客能够真正满意。

还有一个案例也充分说明了这一点：美国通用汽车金融服务公司在一百年前汽车时代来临时帮助很多美国人圆了汽车梦，2004 年，这家公司进入中国市场，与上汽合作成立了中国第一家汽车金融公司上汽通用汽车金融公司，助力中国人实现汽车梦。虽然贷款利率较高，但总经理魏德明（Christian Weidemann）说："我们相信这样的利率真实地反映了我们提供的服务的价值。我们的目标是把世界一流的服务带到中国来，并成为市场中最优秀的公司，我们不期望通过低价竞争达到这个目标。"根据其官方网站数据，截至 2023 年底，该公司已经帮助超过 1000 万名中国顾客完成了购车梦想。

魏德明说得没错，低价竞争不但无法达到企业的目标，反而会使企业远离这一目标。但战略理论从来没说过不能低价，只是说低价不能成为优势。

⊖ 梁美娜. 上汽通用金融公司总经理：高利率带来高质服务［EB/OL］.（2005-02-18）. https://auto.sina.com.cn/news/2005-02-18/1135100141. shtml.

有价值的服务来源于对顾客价值的深刻认知。深圳的一个房地产集团旗下有一家物业公司，其物业收费标准在所属区域不高也不低，顾客（住户）的评价也是不咸不淡。集团老总希望提高顾客满意度，同时也明白价格战是死路，于是，他要求物业公司提供更全面、更丰富的服务内容，这个战略叫作"用价值竞争，而不用价格竞争"。结果怎样呢？在资源的不断投入下，顾客满意度有了小幅提升，但物业公司的盈利一落千丈。

我告诉他，降价吧，一直降到物业公司铁定亏本的水平，然后要求物业公司必须盈利，如果不盈利就整个管理团队走人。一年后，这家物业公司被评选为深圳最佳物业公司之一，无论是经济指标还是顾客满意度指标都名列前茅。

秘诀很简单，当物业公司的管理团队发现原来的物业服务肯定无法盈利时，就开发了一系列有偿服务，这些有偿服务帮他们赚了钱。更重要的是，这些服务恰好是顾客需要的，而顾客支付的价钱却比原来还低。用管理理论来说，在集团投入没有改变的前提下，物业公司优化了自身的资源配置和投放，它和顾客都从资源使用效率的改善中获得了利益。

　　到底哪个是价格竞争，哪个是价值竞争？这个问题不是字面上看起来那么简单的，区分的关键在于找出那些顾客真正需要的服务，然后把所有资源都投入进来。在顾客不需要的地方花的每一分钱最后仍要由顾客买单，无视这一点的企业要警惕：你的顾客已经在准备离你而去——你浪费的资源令他们支付了本不该支付的高价。

　　不要用服务弥补产品的不足，不要提供一厢情愿的服务，你提供的服务必须具有独立的价值，而是否有价值只能由顾客来评判。

让顾客来决定

　　让顾客来决定什么是有价值的服务，这是对服务进行判断的基本原则。如果企业打算采用服务战略来获得竞争力，就要把握这个基本原则。而成功地执行服务战略需要五个步骤：第一步，了解并明确你的顾客；第二步，确保你的顾客认识你；第三步，随时知道你做得好不好；第四步，要知道究竟哪里需要改进；第五步，改进你自己。

第一步：了解并明确你的顾客

　　企业经常幻想留住所有顾客，这是不现实的。企业应该懂得每个顾客的价值，从而发展出越来越强的细分能力，从一般的人群细分转变为基于需求的细分，最终做到基于购买和优先模式的特殊细分。企业必须以真正的顾客为中心，要认识到重要的不是大顾客，而是能让企业盈利的顾客。所以，不要一味地将资源用在所谓的大顾客身上，而要多关注那些能让企业盈利的顾客。

要对每个层次的顾客提供相应的服务，使服务成本和潜在收入相匹配，必要时甚至要剔除一些服务成本太高的顾客。因此，还有一个重要细分尺度是财务细分，这要求企业了解每个细分部分的特殊顾客带来的利润率。如果企业能够根据利润率区分顾客，就能识别出它们最有价值的顾客的特征，并决定如何经济地为每个层级服务。这也从侧面说明了对服务进行收费的重要意义。因为如果企业不对自己的服务收费，就永远不会知道顾客的利润率，也不会有人关心到底应该对谁服务。

第二步：确保你的顾客认识你

企业清晰表达制度并积极兑现服务承诺，能大大提高顾客满意度。

关于服务承诺，很多企业会走进一些误区。比如，有时候企业认为让顾客高兴非常重要，因此试图为顾客做所有的事情。但是，这个目标是不现实的，因为顾客有如此多的要求，例如"方便""一致""便宜"，等等，企业不可能全部满足，想全都做好反而会导致什么都做不好。如果想为顾客提供超出期望值的服务，企业就不应该集中于"顾客想要什么"，而应该考虑"顾客最重视什么"，把企业的大部分力量集中于一两件与顾客最相关的事情上。

还有一个误区是企业往往不会明确告诉顾客具体的承诺，所以当它们没有满足顾客要求的承诺时，它们会感到很困惑。因此，企业在制定了顾客策略后，需要告诉顾客它们的承诺并积极做到，这才能确保顾客认识你，了解你的服务承诺。

第三步：随时知道你做得好不好

了解并对顾客满意度做出反馈，需要企业的眼光超出历史、超出表面现象，因为历史和表面现象不能帮助企业检查问题。企业应该观察顾客对企业的所作所为的反应（例如每个顾客的投资回报率），以及什么因素影响顾客满意度（例如员工流失率）。

顾客愿意为你的服务付费就是最大的肯定，比任何市场调查都更加清楚有效。

第四步：要知道究竟哪里需要改进

直接的顾客反馈，无论好坏都能帮助企业了解市场趋势、形成新的产品思想。成功企业总是能从顾客投诉中获利。这听起来有些荒谬，却是事实。不同意见者并不只是不满的顾客。

通过持续记录并评价顾客的不满、需求、反馈以及购买活动，企业能够找出未满足的需求以及潜在的问题，还可以利用调查结果重新制定顾客策略，并改进操作。

不幸的是，如果你不收费，大多数顾客都不愿意告诉你他们什么时候感到失望，但他们会非常乐于告诉其他顾客。而付了钱的顾客不一样，他们会来企业投诉。这一点很重要，投诉的顾客给了企业改正的机会，采取改进措施能够潜在地保留有价值的顾客关系，阻止负面的口头影响。

第五步：改进你自己

顾客满意度与股东的收益相关联，这是一个事实。问题是企业中大多数人都不是股东，所以你需要一个办法强迫他们持续地、始终如一地关注顾客满意度。最简单的办法是迫使他们不断寻找能让顾客买单的机会，顾客愿意买单就说明做对了。但同样是米老鼠、唐老鸭，迪士尼乐园在全球门庭若市，而迪士尼连锁零售店却表现平平，这是为什么？

迪士尼乐园收取了高额门票，为此，它不得不创造出独特、丰富的体验项目，用心去描绘、激发每个人心里潜藏的梦想。迪士尼乐园的每一位员工都是"演员"，这是一个看似简单又智慧的改变，这个角色让每个人都能清晰地了解自己的使命，认识到不论处于任何岗位，本质都是通过服务为顾客创造快乐，也让每个人可以用自己的演绎为美好的发生做出贡献。演员与游客们由此真正融为一体，迪士尼乐园的竞争力和每位员工的价值也因此得到保证。全球 10 个游客最多的主题公园，迪士尼乐园占八席。而在迪士尼乐园之外提供迪士尼产品的连锁零售店，却与其他商店没有区别，令人失望。这正是因为迪士尼连锁零售店没有收门票，所以也就不会费心设计有价值的服务。米老鼠还是米老鼠，唐老鸭还是唐老鸭，产品一样，服务却没带来增值，迪士尼连锁零售店就只能是平庸的竞争者。

借助这个例子，我想再强调一下我的主张：服务与产品之间不是相互提升价值的关系，而是为顾客创造价值的两个同等重要的方面。两者不是互补关系，而是平行关系。

产品的价值须由产品自己来解决，服务的价值须由服务自己来解决。绝不能把服务当作弥补产品不足的手段，服务必须能够带来增值，如果服务没有带来增值，就没有意义。

最后，我还要提醒一点：要使服务战略有效，你必须专注于盈利。顾客愿意付钱是最可靠的信号，专注盈利可以使你随时知道自己有没有偏离航道。

从理念到行动

经历了激烈的市场竞争之后，服务所表现出来的价值，已经不再是简单的为产品带来影响，而是在战略层面构建起企业和顾客之间的全新关系。这种关系决定了顾客价值的真正体现，而不是企业或者产品价值的体现，因此，今天要讨论的不再是做法的创新、理念的传播，而是企业的整体运营如何体现服务，包括企业思维习惯的转变。

我们先回到市场中去思考一个问题：到底如何看待今天的经营环境。很多人会有各种各样的判断，我对经营环境的特点进行了简单的总结：①市场容量有限增长；②新的商业模式出现；③文明程度与经济状况决定需求及消费行为；④生产商、经销商的经营风险加剧，产品结构、市场结构、经营模式的调整已成必然；⑤只有研发能力更强、产销成本更低、产业链相对健全的企业才能生存。这些特点告诉企业，当下面临的经营环境已经发生了根本性改变。用托马斯·W.马隆（Thomas W. Malone）的话来说就是，对政策而言，从积极的财政政策到稳健的财政政策；对厂商关系而言，厂商关系由命令与控制转入协调与培养。很多企业做产品到一定程度之后发现做不动了，业务增长甚至组织发展都停滞了，原因就是没有洞悉经营环境的根本变化，这导致其经营很容易触碰到天花板。

经营环境的变化要求企业进行服务转型。

服务转型的准备

如何实现服务转型？我认为需要做好以下几个方面的准备。

1. 服务文化准备

服务文化的核心价值观应回归服务价值。服务价值体现在三个方面：第一，只有将产品和产品的竞争推进到价值链竞争，我们才能使产品成为向顾客交付价值的载体，成为整体解决方案中不可或缺、真正具有竞争力的部分；

第二，价值链服务平台是通过服务来体现价值的关键，企业要成为价值链上优质资源的提供商；第三，企业要从构建产品优势到构建组织优势，从产品同质化竞争到服务系统化竞争。

2. 与顾客无边界

在这个方面堪称典范的是宝洁与沃尔玛的合作。二者一同制定出长期遵守的合约，宝洁向沃尔玛透露了各类商品的成本，保证沃尔玛有稳定的货源，并享受尽可能低的价格；沃尔玛也向宝洁及时告知连锁店的销售和存货情况。这种合作关系让宝洁更加高效地管理存货，简化生产程序，降低商品成本。同时，也使沃尔玛可以自行调整各店的商品构成，做到价格低廉、种类丰富，以使顾客受益。在具体做法上，宝洁建立了跨职能顾客服务小组，它们与沃尔玛物流中心一起办公，时刻关注宝洁产品在沃尔玛的销量变动、库存周转率、销售毛利率等业绩表现，并以此作为评价顾客服务小组的依据。

企业要想成长为服务型企业，就要以顾客价值最大化为宗旨，改变传统的营销模式，使每个岗位都承担顾客成长的责任，并通过专长能力的发挥提升服务水平。比如，六和饲料的化验员就可以在供应商出厂产品质量控制、产品使用效果跟踪分析、顾客自购原料品质控制指导、顾客畜禽病理检测等方面提供服务。

3. 顾客需求驱动流程

要想成长为服务型企业，企业就不能让各个部门按照自己的职责被动地等待顾客要求，而应以顾客需求牵引内部流程解决问题。通过对服务型企业模型的理解，流程不再是起于某一岗位结束于另一岗位，而是起于顾客需求的提出，结束于顾客问题的解决（见图 5-1）。

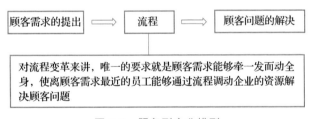

图 5-1　服务型企业模型

4. 流程界定职责

职能部门的设置使专业化分工优势明显，但这实际上是职责导向，而不是解决问题导向；是人员所属的专业化，而不是能力的专业化。

对于服务型企业，流程不再是职责范围的边界，它发挥的作用是界定员工在流程中承担相应的职责，协同员工解决顾客问题。

5. 培育员工服务专长

服务型企业要求员工必须承担流程所赋予的责任，必须直接面向顾客需求、提高解决问题的能力，必须找到基于流程的业务专长，并以带给顾客价值为衡量标准。比如营销管理人员不能仅仅停留在订单处理层面，而要在了解顾客的使用效果、价值链服务平台信息支持、资源的有效调度、顾客群信息管理等方面强化自己的服务能力。员工如果做不到这些，将面临精员合岗。

6. 服务于价值顾客

服务型企业对内要关注绩优员工的能力提升，对外要选择价值顾客群体与企业共同发展，要通过对价值顾客的细化服务，一体经营，形成模板，示范性地带动整个顾客群体的成长。借助如图 5-2 所示的顾客细分的三维模型，我们会得到一个价值顾客服务模式，这个模式具有这些特征：①掌握市场信息；②完善数据库管理；③动态选择价值顾客；④分析价值顾客的关键问题；⑤针对关键问题提

供解决方案；⑥持续跟踪和反馈。由此可以看到服务绩效
的评价：一方面以使每位顾客满意代替使所有顾客满意；
另一方面以顾客忠诚代替顾客满意。从这个模型中我们也
可以看出，能够为当前的企业贡献业绩同时又拥有潜力和
忠诚的顾客无疑是最有价值的优秀顾客。但价值顾客离不
开企业的培育，企业与顾客是共同发展和相互成就的，从
某种程度上讲，价值顾客是企业服务的结果，所以企业在
做服务绩效评价时要关注价值顾客的满意度。企业如果想
持续获得价值顾客，要通过不断的努力持续为其创造价值。

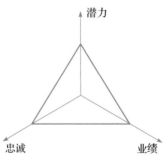

图 5-2　顾客细分的三维模型

厘清常见的理解误区

明确了服务转型的准备之后，我们需要看看企业做得
如何。很多人认为这几年来企业的服务已经做得很好、很

深入了，事实是这样吗？实际上，在对服务、品质、服务管理、职能这几个体现服务价值的要素的理解上，企业还存在非常大的偏差。

1. 对价值链的理解误区

深入企业调研时，我问大家如何看待价值链上所有环节的价值，很多人的观点是：价值链整合就是社会优势资源为我所用！资源获取后得善用、活用、用好！但这是错误的理解。正确的观点应该是：价值链整合是为社会优秀资源服务；资源整合后可以获得价值共享。

2. 对品质的理解误区

几乎所有企业都视品质为企业的生命，从这个意义上讲，品质的确引起了企业的足够重视，但是，如果细致分析好像又有些问题。比如，大家认为生产合格率100%、顾客零投诉就是品质，但这是错的。正确的观点应该是：品质需要有可衡量的标准，而不是以生产合格率为判断依据；企业不应追求顾客零投诉，而应具备对顾客投诉的处理能力。

3. 对服务管理的理解误区

服务是否真正起作用，除了取决于服务本身，服务管理也很重要。对于服务管理，人们通常是这样理解的：服务管理是现场管理！服务管理是过程管理！这样的理解实在是太过简单。正确的观点应该是：服务管理体现在企业的多个层面，包括时限、流程、适应性、预见性、信息沟通、顾客反馈、组织和监督等七个层面。

4. 对职能的理解误区

职能如何配合服务是很多企业需要关注的问题，现实中我们可以看到很多在这方面做得很好的企业。不过，仍然有很多企业不能解决这个问题，根本原因是大家认为，只有建立一个类似于跨职能工作小组的组织才有可能协调各方面的服务作用。但是，这会导致企业的组织体系变得可有可无，所以，这个理解也是错的。正确的观点应该是：职能应该表现为系统的能力以及流程的能力，通过系统和流程来展开服务。

关注一线队伍建设

针对中国企业在服务转型中的种种误区，我们需要强化对于行动的理解而不是对于理念的理解，而行动最为直接的体现就是一线队伍的建设。

1. 让一线员工能够调动资源

印度 HCL 科技公司是一家全球领先的信息技术服务和咨询公司，在 60 个国家拥有超过 22.2 万名员工。该公司曾实施过一项名为"员工第一，顾客第二"（Employee First Customer Second, EFCS）的管理变革[⊖]。这项管理变革的宗旨十分简单，即将公司的注意力和资源集中于在经营流程中直面顾客并直接创造价值的一线员工。

维尼特·纳亚尔（Vineet Nayar）曾担任该公司的 CEO，他在推动这项管理变革的时候写道："我想不通本公司的这项管理改革为何会引起如此大的争议，难道公司高管不应该尽其所能帮助一线员工提高工作效率和工作质量吗？尽管如此，EFCS 还是在业界掀起了一场风波。人们认为基本的商业规则是，做生意，顾客永远是第一位的。或者换句话说，顾客永远是对的。其实所有人都了解这个商业规则，都明白顾客对于企业盈利和发展至关重要。但是，作为一个经理来看，何谓顾客至上？是不是应该为了顾客把我们所有的产品或服务降价 3.5% 销售，抑或是与其征求员工的意见，还不如征求顾客本公司该如何经营？"

⊖ NAYAR V，蔡威. 管理应重新回归一线员工［J］. 管理 @ 人. 2010（12）：16-19.

一家企业的顾客应该是需要该企业创造顾客价值的人群，而不是通过价格优惠、特别交易或者中看不中用的促销项目拉来的顾客。而为顾客创造和传递价值的唯一方式是把员工摆在第一位。

关于把员工摆在第一位，有几个认识误区，一种观点认为，EFCS 与公司的经营业绩毫无关联。HCL 科技公司的实践彻底否定了这种观点。从 EFCS 实施的 2005 年至今，HCL 科技公司的市值增长了近 2 倍，员工满意度指数提高了 70%。还有一种观点认为，EFCS 在经济不景气的环境中完全不起作用，这也有悖于事实。在 2008 ～ 2009 年的金融危机中，HCL 科技公司的许多竞争对手都采取了应急式裁员和成本缩减政策，HCL 科技公司刚好相反，其管理团队向员工大量征集有关缩减成本和增加收益的建议，从这些建议中找出应对的策略并加以执行，最终帮助公司成功地在金融海啸中获得了增长。[⊖]

HCL 科技公司的"员工第一，顾客第二"管理变革，是一项战略举措而不是一个人力资源手段，它并不是无条件地关怀所有员工，也不是简单地提高工资或者给予员工

⊖ NAYAR V，蔡威. 管理应重新回归一线员工［J］. 管理 @ 人. 2010（12）：16-19.

更多关注。这项管理变革帮助 HCL 科技公司达成全新的战略，也就是全新的商业模式，整合过去的分散信息技术服务，为全球顾客提供一站式全面服务，并与顾客建立长期的合作伙伴关系。因为这项管理变革的实施，HCL 科技公司实现了全新商业模式的战略转型。

2. 将组织能力嫁接到一线员工身上

IBM 被认为是具有顶尖培训职能的公司之一，其每年用于员工培训的费用达 20 亿美元，占到年营业额的 1% ～ 2%，每名员工每年至少会有 15 ～ 20 天的培训时间[⊖]。在 IBM，所有新员工都要接受公司信念的培训，也就是"同一种声音"（Becoming One Voice，BOV），使新员工了解 IBM 对员工的统一要求以及企业文化。

针对普通员工、各级管理人员和外籍人员，IBM 会分别进行相应的培训，如对前线销售服务人员等进行"专业入门级培训"（Professional Entry Level Training，PELT），对行政财务人员等进行"行政入门级培训"（Admin Entry Level Training，AELT）。公司所有管理人员也必须参加公

㊀ 赵珊珊. 外企与国企培训战略对比［J］. 运筹与管理. 2003，12（5）：124-126.

司组织的专门培训，以保证他们能够始终如一地遵循 IBM 的管理方式。比如，第一线基层经理在走上新岗位的第 1 年内需要接受 80 小时的课堂培训，内容包括公司的历史、信念、政策、习惯做法，以及对于员工的激励、赞扬、劝告等基本管理技巧；部门经理则要在公司专设的中层管理学校中接受有效交往、人员管理、经营思想和战略计划等方面的培训；有经验的中、高层经理则要学习社会学和经济学方面的课程，或学习哈佛大学高级经理课程或麻省理工学院斯隆管理学院、斯坦福大学等院校的有关课程，时间从 1 周到 1 年不等。

通过这一系列的学习和培训，IBM 帮助员工获得了公司所需人才的特质：解决问题的能力、有效的价值选择以及相一致的公司理念和信念。由此，全员都具备了公司所需要的适合的组织能力。

如 IBM 一样借助培训和学习帮助员工获得组织能力的企业很多，但在很多中国企业中，这样的做法却明显不足。也许中国企业可以借助其他手段帮助员工获得组织能力，但是，如果连最基本的培训手段都没有运用，结果可想而知。

让组织专业运作优势成为一线员工的竞争力是非常关

键的能力，但是很多中国企业往往忽略了这一点。企业之
所以非常在意能人，就是因为它们不能够把组织能力与员
工相嫁接，只能依靠员工个人的能力来创造奇迹。而 IBM
或者宝洁等优秀的公司绝对不会依赖于个人的能力，在它
们的体系中，普通的大学毕业生一样可以很好地胜任岗位、
创造奇迹，这一点尤其需要中国企业学习。

3. 管理人员要贴近市场

2000 年张瑞敏参加达沃斯论坛时被"战胜满足感"的
论坛主题"敲醒"，他开始意识到海尔不能满足于过往的成
就，不应该自以为是，要"自以为非"。与此同时，张瑞
敏还是一位深受德鲁克管理思想影响的中国企业家，尤其
对于"企业的目的就是创造顾客"有着清楚的认知。随着
海尔组织的发展壮大，张瑞敏尤为担心的正是组织对于顾
客的疏远，尤其担心管理层会越发远离市场。由此，张瑞
敏开始"砸组织"，这是其率领海尔"砸冰箱"后的又一壮
举。"砸冰箱"确保的是产品质量，让海尔品质具备可靠
性，"砸组织"则进一步确保顾客价值的实现，让海尔变得
更加柔性，以灵活适应不断变化的市场，助推组织真正因
顾客导向而实现持续经营。

"砸组织"就是指让海尔变成一个个"小微组织"。2016 年张瑞敏再度出席达沃斯论坛，他解释了海尔的做法[⊖]。海尔的组织调整是从取消中层管理者开始的，这些人依然有机会，只是他们需要直接贴近市场。所以，海尔一万名中层管理者全部到了市场上，这时的海尔就成了贴近市场的创业平台。在这个平台上并存着三类人：一类是平台主，主要帮助平台上的创业团队成功；一类是小微主，管理者自组团队创业；一类是创客，所有员工都是创客。由此，海尔变成了"人人创客"。

这个路径还在不断探索中，但其实践引发了我们的本质思考，让我们认识到管理者必须要贴近市场。在某种程度上说，组织为了贴近市场而对管理者或组织结构进行的调整其实是在给予管理者生机，因为如果不能做到贴近市场，组织连同管理者会一起被市场淘汰，不再有生存的机会。

⊖ 央视网.《环球财经连线》20160703 特别节目：创新的生态系统［EB/OL］.（2016-07-03）. https://tv.cctv.com/2016/07/03/VIDEVQaURghdtRzkDtoLcWgp160703.shtml.

06

第 6 章

价值链的本质

今天的竞争已不再是产品与产品、企业与企业之间的竞争，而是价值链与价值链之间的竞争。随着数字技术的深入发展，以及顾客需求的多样性、复杂性和体验性的日益增加，任何一家企业都需要与价值链上的伙伴们协同为顾客创造价值。共享价值链已经是今天很多企业的战略出发点，从价值链到价值网络的开放式成长也成为管理者的必然选择。

"价值链"这一概念，是哈佛大学商学院教授迈克尔·波特于1985年提出的[⊖]。波特认为，每一家企业都是在设计、生产、销售、发送和辅助其产品的过程中进行种种活动的集合体。所有这些活动可以用一条价值链来表

⊖ 波特. 竞争优势［M］. 陈小悦，译. 北京：华夏出版社，2005.

明。根据波特的界定，企业的价值创造是由一系列活动完成的，这些活动可分为基本活动和辅助活动两类，基本活动包括内部后勤、生产作业、外部后勤、市场和销售、服务等；辅助活动则包括采购、技术开发、人力资源管理和企业基础设施建设等。这些互不相同但又相互关联的生产经营活动，构成了一个创造价值的动态过程，即价值链。

价值链在经济活动中无处不在，上下游关联的企业与企业之间存在产业价值链，企业内部各业务单元之间也存在着价值链连接。价值链上的每一项价值活动都会对企业最终能够实现多大的价值造成影响。波特的价值链理论揭示，企业与企业的竞争，不只是某个环节的竞争，而是整条价值链的竞争，而整条价值链的综合竞争力决定了企业的竞争力。用波特的话来说："消费者心目中的价值由一连串企业内部物质与技术上的具体活动与利润所构成，当你和其他企业竞争时，其实是内部多项活动在进行竞争，而不是某一项活动的竞争。"

尽管波特被称作"竞争战略之父"，人们通常也更关注其一系列竞争理论，但我们不能只看到竞争。相比之下，价值链所蕴含的整体概念是我们更需要关注的。我之所以写作《超越竞争》[⊖]这本书，就是为了提示大家不要停留在旧有的竞争观念中。从那本书到今天的《协同共生论》[⊜]和《组织的数字化转型》[⊜]，这近二十年的研究推进都是为了帮助大家逐步认知并建立起新的共生理念和行动。当我们在互联网与数字时代把握住价值链的这种整体概念时，就会有更多机会参与到价值网络的开放式成长中。

共享价值链是企业战略的全新出发点

对战略出发点选择的思考，让我联想到可口可乐，这样一家单纯的饮料公司，竟然存活了 100 多年，也让我联想到 IBM，这样一家服务型公司，存活也超过了 100 年。一定有一些根本性的因素推动着这两家有着百余年历史的公司不断向前发展，这些根本性的因素到底是什么？在这里，我以可口可乐为例进行详细的说明，在后面探讨价值网络的部分，IBM 的经验会给大家带来同样的启迪。

⊖ 陈春花. 超越竞争：微利时代的经营模式［M］. 北京：机械工业出版社，2007.

⊜ 陈春花，朱丽，刘超，等. 协同共生论［M］. 北京：机械工业出版社，2021.

⊜ 陈春花. 组织的数字化转型［M］. 北京：机械工业出版社，2023.

可口可乐的早期经营模式可以这样来描述：可口可乐先确定软饮料行业的价值链，即浓缩液制造—装瓶—库存—分销—广告促销—零售—顾客关系管理，根据对价值链的判断确定公司产品在价值链中的价值地位。具体来说，可口可乐是这样做的：第一，明确可口可乐的价值活动定位，即浓缩液的制造商以及商标使用授权与广告；第二，向区域性的企业提供独家装瓶许可权和地区销售许可权，可口可乐在各个装瓶商几乎不占任何股份。在当时的情况下，每个装瓶商都与可口可乐签订了"特许协议合同"。合同中规定了浓缩液的价格以及授予装瓶商地区独家经营权——这种早期的特许装瓶商模式取得了巨大成功。消费者满意，装瓶商致富，可口可乐则成为头号大公司。

经历了 100 多年的沉淀，可口可乐在保持竞争力的同时，根据市场的变化，又确定了新的经营模式。这个新的经营模式由六个基本要素构成：第一，扩大消费者的范围——为顾客提供选择；第二，成为价值链的管理者——确保价值链上所有环节的价值获得；第三，对销售渠道进行重组——用为顾客创造价值作为战略控制；第四，确定与拓展关键业务——明确的业务范围界定；第五，进军国际市场；第六，从追求市场份额转变为努力增加股东的价值。

从早期的经营模式到现在的经营模式选择，虽然可口可乐在市场领域做了大量拓展，但是其核心策略没有改变，那就是共享价值链。因为可口可乐将自己定位为价值链的管理者，始终致力于与其价值链上的所有成员一起分享价值，共同成长。共享价值链，使一代又一代不同区域的消费者聚集在可口可乐的红色标识下，感受着可口可乐带来的活力。

更让人感到触动和深受启发的还有乔布斯和苹果。苹果之所以能取得举世瞩目的成就，关键在于乔布斯和苹果建立起了价值网络，这是很大的贡献。很多人认为乔布斯是天才，但是非常孤傲，喜欢单打独斗。年轻时他也许的确如此，但他后来用了大半生的时间构建价值网络，如此才成就了今天的苹果。

1984 年，乔布斯踌躇满志地发布 Mac 电脑，直接向 IBM 宣战，但事与愿违，1985 年他就因业绩不佳被逐出苹果。乔布斯很伤心，不仅仅是因为公司是他一手创办的，更是因为受到了穷追猛打。当他准备再次创立电脑公司时，苹果竟然起诉了他，他非常无奈地向媒体表达自己的不满：

一家拥有 20 亿美元资产、4300 名员工的大公司竟然不放过只有 6 个"牛仔裤员工"的创业公司！乔布斯的痛苦可想而知，但尽管如此，他还是说他心里会一直想着苹果。他卖掉了自己持有的绝大部分苹果股份，只保留了 1 股，这 1 股正是乔布斯的惦念，也让他保持了与公司的联结，甚至成为多年后乔布斯功成名就时重返公司的台阶。

不过，从某种程度上讲，乔布斯也是因祸得福，就像他在被追打时所说的那样，苹果对他的起诉让他不得不放弃自己的技术特长，但这反而让他看到了外面的世界。游离在苹果之外的十余年正是乔布斯重构价值网络的关键成长时期，正是在这一时期，乔布斯开启了共享价值链的行动：与好莱坞的价值共创让人们看到了崭新的数字动画电影，皮克斯的大获成功让乔布斯重新获得了能量。而此时，让乔布斯始终惦念的苹果却举步维艰，等待着他的归来。

重回苹果后，基于连接数字技术与电影产业的成功探索，乔布斯对苹果有了精准的战略定位：成为"数字化中枢"[⊖]。乔布斯用数字技术连接苹果与音乐和各种数码产品领域，这个中枢驱动苹果不断构建价值网络，与伙伴

⊖ 扬，西蒙. 活着就是为改变世界［M］. 蒋永军，译. 北京：中信出版社，2010.

乃至相关产业分享价值。苹果先在音乐领域展开了合作，但当时的音乐人和音乐公司并不情愿，尤其是当他们抱有高高在上的传统认知时。不过，苹果的机会也在于此。数字与互联网时代的到来已经让这些高高在上的人吃尽苦头。一方面，DVD 比唱片更便宜，还具有节目的附加价值，所以，很多人会选择 DVD；另一方面，让产业真正蒙受巨大损失的是互联网带来的盗版下载。这种伤害让他们对互联网下载产生了更大的抗拒和敌意，但乔布斯表达的却是他对这个产业的尊重和分享价值的意图。乔布斯明确地说他知道创作的不易，将会保护好知识产权。由此，乔布斯说服了索尼、华纳、环球、百代这几大唱片公司和饶舌音乐人德瑞博士。在这个价值网络的基础上，iPod 一举成名。这是乔布斯和他早年在苹果失利时期最大的不同：不是仓促地发布产品，而是做足充分的价值网络准备。

乔布斯做到这一点之后，微软的系统开发主管发了一封内部邮件，邮件中只有两句非常直截了当的话，第一句是"我们被干掉了"，第二句是"他们是怎么把音乐公司给拉进来的"。盖茨回复了这封邮件，标题是"还是苹果的乔布斯"，他说，"乔布斯有种惊人的能力：把关注点放在真正有价值的地方，能找来会做用户界面的人，以及革命性的营销手段"[⊖]。盖茨直接给出了答案，这就是他了解的乔布斯，而顾客价值以及价值网络的构建让他对乔布斯又多了一分敬畏。

　　硅谷的传奇历史充满了盖茨与乔布斯的恩怨交织，但离开苹果开始构建价值网络后，乔布斯把自己颠覆了。随后，好莱坞、库克、音乐产业，纷纷与其组合在一起，他的价值网络越来越强大，他和盖茨的过节也由此一笔勾销，两人甚至成为伙伴。1997 年 8 月，乔布斯在 Macworld/iWorld 数字世界博览会的演讲最后用平和的语气说："苹果生存在一个生态系统里。它需要其他伙伴的帮助。在这个行业里，破坏性的关系对谁都没有好处。我要宣布我们今天新的合作伙伴之一，是一个意义重大的合作伙伴，它就是微软。"[⊜]两家公司的标识一起出现在大屏幕上，这一幕让全场都为之震惊。当乔布斯不再有敌人时，苹果开始表现出无敌的状态。

　　苹果掀起的智能手机革命更是离不开伙伴的相助。2007 年 1 月，iPhone 正式发布，这款新产品不仅在一定程度上弥补了 1984 年 1 月发布的 Mac 电脑的一些遗憾，而

　　⊖⊜　艾萨克森. 史蒂夫·乔布斯传（修订版）[M]. 管延圻，魏群，余倩，等译. 北京：中信出版社，2014.

且拥有强大的产品力，更重要的是，此时乔布斯已经建立了零售店，他可以到店内感受产品与顾客的联结。乔布斯与连锁服装品牌 GAP 前首席执行官德雷克斯勒合作，聘请其加入董事会为苹果零售献计献策，由此让苹果学会如何建立零售店，这让乔布斯的广告不再是空中楼阁。同时，此时的苹果已经因为成功跨入音乐领域而收获了一些"果粉"和品牌基础，甚至有些粉丝已经开始渴望苹果的下一个创新产品，这种期盼在后来的 iPhone 系列的迭代中已经成为习惯。这些都为 iPhone 背后的价值网络奠定了坚实的基础。

对于产品本身，乔布斯认为 iPhone 的品质需要比 iPod 还过硬，因此，他决定不使用塑料屏幕，而是使用更结实耐划的玻璃，这会让产品更有质感。围绕这一顾客价值，乔布斯开始构建价值网络。他把目标锁定在纽约州的康宁公司，这家企业实力强劲，但有些高高在上。乔布斯放下身段请求合作，他想与 CEO 通话，却被其助理拒绝了。乔布斯说自己遭遇到了"典型的东海岸的那一套"，研究过硅谷历史的人都知道乔布斯所说的是什么意思。

曾经施乐硅谷研发中心因为公司总部的严格管控与冷落，一再错失了进军电脑产业的先机，一些被压制的人才因此来到乔布斯身边，这是苹果创业之初的事情。现在乔布斯真正感受到了那种难以接近的森严。但即使一开始吃了闭门羹，乔布斯也要构建价值网络，因为他的顾客价值目标很明确。

当康宁公司的 CEO 威克斯得知此事并表示同意时，乔布斯表达了对他的喜欢，由此，双方建立了联结。但让威克斯头疼的是，乔布斯描述的玻璃是他们从没有做过的玻璃，乔布斯不断地给予信心，最后他们终于做出了"金刚玻璃"。iPhone 推出后，乔布斯给威克斯发来了纪念画框，上面写着"如果没有你，我们做不到"。这不但展现了乔布斯的胸怀和执着，更展示出价值网络的力量。

但是，有些可惜的是，此时担任微软 CEO 的鲍尔默却不为所动。他似乎并没有看明白 iPhone，他说，"这对商务人士没有吸引力，因为没有键盘"，如此缺乏觉悟，这让微软不得不放弃他。2013 年他含泪离开微软时承认自己行动过慢。而新任的纳德拉则开始了"刷新"，他拿着iPhone 出席微软内部会议，以此说服大家，让大家明白在移动时代敌人也可能是合作伙伴，要求大家建立更广泛的价值网络。这样的开放学习心态和价值网络认知使纳德拉率领微软重新进入数字时代并再度崛起。其实，对与 IBM

联手起家的微软来说，这样的合作应该说是再熟悉不过的了。从某种程度上讲，纳德拉作为 CEO 能够重振微软，是以在战略上建立伙伴关系为起点的。这让微软有了摆脱困境的视野与力量。

现在来看看中国企业，大部分中国企业都成功地做到了以下几点：内部挖掘、降低费用与成本；改进生产设备、提高质量；创新及改进；关注人才，积极引进新的管理工具和方法。尽管如此，拥有持久市场地位的企业仍然少之又少。要想摆脱这种局面，必须明确战略的出发点是共享价值链。

可口可乐、苹果等成功企业的做法恰好说明，要想使企业持久成功，管理者需要在思维方式上做出根本转变，我在很多场合都强调：一定要记住其他同行不是你的对手，从某种意义上讲它们也是你的合作伙伴，所谓同行，意思是大家都处在同一个行业，行业存在，大家才能存在，行业空间大，大家的生存空间才大，所以大家都在逐渐扩展产品的使用范围；企业必须致力于使其服务对顾客价值有所贡献，必须致力于进行能够带动业绩成长的营销服务，也就是服务要能像产品一样独立创造价值；企业管理者应该知道服务营销所追求的目的使价值共享有了可能，服务更容易让价值被顾客感知到，这让服务拥有充分的价值创造空间，这个巨大空间也让更多价值共享成为可能；要始终如一地关注价值交付，在从产品设计、生产到销售、分销和定价这一完整的业务流程中始终关注价值交付。

确定把共享价值链作为今天战略的出发点，就是确定价值链中的所有成员可以贡献和共享价值。因为产品价值界定、产品直接使用的差异化营销、价值共享的可能性都来源于价值链成员对价值的把握和对顾客价值的理解。因此，对企业而言，只有把共享价值作为自己战略的出发点，不断地超越自己，才能真正地服务目标顾客，才能真正地具有竞争力，才能真正地实现经营的根本目标，即为顾客创造价值。

渠道价值的本质

如今，来自全球的成功企业不断进入中国市场，在这些企业的竞争中，人们往往只关注到它们的技术、战略、实力以及品牌，其实，这些企业之所以能够在中国市场或者其他市场长驱直入，还有一个更为重要的因素，就是渠道价值的设计和掌控。比如，很多跨国企业之所以能够在中国发展，很关键的原因是能通过沃尔玛这个渠道使自己的产品进入中国。而当中国企业把产品做好想要出海时，却发现这是一件很有难度的事，原因在于缺乏渠道。这就是渠道的价值。

所以，有时候企业和企业之间竞争力有差别，并不是因为产品有差别，而是因为渠道有差别、价值链的整体优势有差别。再好的产品，如果没有渠道，依然无法触达顾客。在某种程度上，渠道影响着顾客的选择，同时，好渠道因为与顾客的贴近而帮助制造商更加了解顾客，从而使产品、渠道和顾客相互成就，共享价值链的协同优势。

渠道和营销的变化

在战略的层面上，制造商、渠道商、零售终端之间不是你死我活的关系，而是依存共赢的关系。关于这一点，很多企业存在的一个根本错误是对于顾客的理解的错误。制造商对于顾客的理解来自对自身产品的认知，它们认为产品本身满足了顾客的需求；零售商对于顾客的理解来自对自身服务的认识，它们认为服务本身满足了顾客的需求。事实上，顾客既没有跟随产品制造商，也没有跟随服务零售商，顾客只是顾客，顾客没有在零售商那里，顾客是在顾客自己那里。

　　要想改正这个错误，无论是制造商、渠道商还是零售终端，都需要有勇气面对渠道和营销的变化，这些变化可以归纳为以下几点。

　　（1）顾客导向。"顾客导向"这个词在今天是非常时髦的，很多企业都认为自己是顾客导向型公司，而真正做到这一点的企业非常少。在现实生活中，我们常常看到这样的场景：一家企业把顾客的投诉从一个部门转到另一个部门；医院里随处可见病人拖着病痛的身体来回穿梭，寻找挂号、就诊、交费、拿药、打针的地方；银行在周日早早下班，却从未关心顾客在需要办理业务时该怎么办；电信行业尽可能地维持其垄断地位以保持高价收费，等等。如果这些企业是顾客导向型企业，情况就大不相同了：顾客投诉会在两周内得到解决；病人到医院不再自己走来走去，护士会为其提供相应的帮助；银行进行差异化的工作时间设计；电信行业将自己定位为开放竞争中的赢家，收取较低的价格。

　　企业要想生存下来，建立真正的顾客导向是必需的选择。在一个顾客不断成长和拥有能力的市场环境里，企业和顾客之间的关系发生了戏剧性的改变：真正成功的企业，不再仅仅向它们的顾客"销售"或者"营销",而是与顾客结成了一种伙伴关系;它们也不仅仅为顾客提供产品或服务,也提供"解决方案"。因此,对制造商而言,如何让自己的生产计划系统直接与零售终端对于顾客的预测、生产管理或者销售系统联系起来,就成为必须考虑的出发点,而对渠道商、零售终端来说,没有这些制造商,顾客不会来找你,不要把方向搞反,不能以顾客为筹码向制造商施加压力而获得霸权地位。

(2)全流程的观点。竞争环境的改变,要求竞争转变为基于价值链的竞争,在这样的要求下,制造商和零售商需要采用全流程的观点(见图6-1)。我所定义的"全流程"是指,价值链上的每家企业都是流程的一个部分或者环节,只有价值链上所有企业的经营被看作始于顾客需求的提出、止于顾客问题的解决的整体流程和价值链的时候,企业才能适应这个竞争的环境,也才拥有价值。

图6-1　全流程的观点

全流程观点的关键是：任何一家企业都不可能完全拥有这个流程，只有它们共同为这个流程贡献力量的时候，整个流程才会贡献价值。因此，全流程观点要求企业必须把自己的经营延伸到企业外部，而不是停留在内部，必须依据市场流程决定企业内部流程的效率、成本、质量以及服务。

（3）围绕顾客重构价值链。更深入、更贴近地了解顾客，要求企业重新审视对广告、顾客以及供应商的定义。如果贴近顾客，企业对广告的有效性就会有新的评价，例如，很多企业每天都会向顾客进行各种广告推送，但面对海量推送，很多人会选择直接过滤或忽视，这些广告不但不能引起人们的兴趣，反而让人们产生厌恶的情绪；而电视节目中植入的广告则越来越多地被认为是噪声，以至于主管部门出台相应的政策来对其进行约束和规范。

很多企业的营销系统仍然沿用传统的对顾客的定义，比如用年龄、性别、区域、收入、社会阶层、受教育程度等对顾客进行简单的区分，并没有真正从顾客需求的深层次来理解顾客。更糟糕的是，营销部门借助于这样简单的方式来理解顾客，根据这个定义来回答"我们能够向哪个顾客群销售什么产品？销售多少以及如何销售？"等问题，而不是设计能帮助顾客识别需求的营销方式。对供应商的定义更是存在根本性的误区，绝大部分企业还在奉行每种产品需要 2 ～ 3 个供应商的原则，以竞标和招标的方式选择供应商，使得企业与供应商的关系更多地表现为交易关系和利益关系。

贴近顾客的需求就是更高效地对顾客进行回应，沃尔玛的做法值得借鉴：先看顾客需要什么样的产品，需要什么样的价格，再看哪些制造商能够满足这些要求，然后下订单付定金，按时付钱帮制造商把货销掉。在沃尔玛的概念里，沃尔玛与制造商是"前店后厂"的关系，沃尔玛是制造商的店面，而制造商是沃尔玛的车间，双方作为一个整体，共同满足顾客的需求（见图 6-2）。围绕顾客重构价值链，我们会发现，如果最后顾客能得到他们想要的东西，顾客价值就会实现，整个价值链也会变得更加高效。顾客导向让企业找到对的或合适的人与价值链伙伴，减少了很多偏离顾客价值的无效工作，而在顾客端，大家合力创造的价值也得以精准显现。

图 6-2 沃尔玛与制造商共同满足顾客需求

（4）价值组合替代产品与服务组合。最近几年，营销领域流行产品与服务组合，企业一方面不断提高产品质量，推出新的产品，强化技术在产品中的作用和意义；另一方面不断强化服务，增加服务的价值，甚至不惜花费更高的成本把服务推到一个前所未有的高度。

我承认企业在拓展产品和产品与服务组合方面的努力为创新营销方式做出了巨大的贡献，也承认企业通过这个组合得到了顾客的认知并获得了看得见的市场份额。即使是这样，企业管理者还是需要冷静地分析：产品与服务组合的局限性是什么？这种组合能否让企业真正获得顾客的忠诚和识别，而不仅仅是顾客的认知？

换句话说，产品与服务组合可能仅仅解决了顾客的认知，并没有满足顾客的需求，因为这种组合的出发点仍然是产品和服务本身，没有回到顾客导向上。而现在的新变化是价值组合逐渐取代了产品与服务组合。价值组合从顾客价值出发，寻求产品价值和服务价值的差异性，从而实现整体的顾客价值。

麦当劳和肯德基的做法具有借鉴意义。在美国，麦当劳和肯德基都会建在高速公路的服务区里或者建在加油站旁边。这两家企业很清楚顾客价值是什么，因此根据顾客所需要的价值做组合，既为顾客提供产品，又满足顾客对方便的需求。除此之外，星巴克咖啡店建在机场和商业中心里，宜家提供拼装设计等，都是价值组合的典型案例。这些成功企业不断运用价值组合得到顾客的忠诚和识别。

价值组合需要企业从根本上改变营销思维，以往的营销思维更多地关注创新产品和创新服务，关注产品的价值、服务的价值，这样做本身没有什么错误，但是如果仅仅这样做，你会发现产品在同质化，服务也在同质化。在这样的背景下，人们开始不断创新，希望通过创新提升自己的竞争力。但是，大家有没有想过，这么多创新产品和服务对于顾客是否真的有价值？对顾客来说，这些层出不穷的创新很可能是一场灾难，因为顾客被淹没在产品和服务的大海中，无法真正获得他需要的价值。今天饱和的市场和泛滥的消费以及资源的过度损耗，都能说明这个问题。

新的营销思维要求企业关注顾客价值，关注顾客价值满足的识别。不要过于简单地理解顾客，不要主观地认为企业的理解就是顾客的需求，不要试图为自己的产品或服务寻找一个独特的销售主张（你的产品或服务不同于竞争对手、优于竞争对手的产品或服务的理由）并且不断地在销售和推广中宣传这个独特的销售主张。新的营销思维要求企业放弃寻找产品或服务的不同点，转而寻找顾客需求的共同点，放弃强调自己的销售主张，转而强调顾客需求的主张，在这样的共同原则下，与竞争对手或者供应商一起做价值组合，从而更有效地服务于顾客价值。

（5）顾客管理替代营销管理。顾客管理替代营销管理是今天的竞争环境对营销系统提出的最大挑战。从现实意义上讲，营销管理已经开始关注市场规划、顾客需求、细分市场、渠道设计。

如果直接用经典理论的演变来描述营销管理的变迁，我们会发现，从 20 世纪 60 年代提出的包括产品、价格、促销、渠道的 4P 营销理论，到 1990 年提出的包括顾客、成本、便利、沟通的 4C 营销理论，再到 2001 年营销界认同的包括关联、反应、关系、报酬的 4R 营销理论，营销管理已经经历了从产品到渠道再到顾客的逐步提升、不断完善，并且取得了前所未有的市场能力。

但是，如果认真地分析营销管理的投入和产出，我们不难发现，在顾客的层面上，营销力所产生的价值并没有营销本身理解得那么高，最大的浪费来源于转换顾客所消耗的成本。因此，要用顾客管理替代营销管理。美国联合饲料公司一直致力于提升猪饲料的价值并为此不懈努力，这个公司用一个标准来衡量自己的能力，即养殖户的价值中联合饲料公司的贡献率。参观这个公司的时候，我印象最深刻的是它的养殖中心、种猪实验场以及被称为"疯狂博士"的创新价值研究人员。联合饲料也是第一个不卖饲料而卖养殖方案的饲料企业。可口可乐投入最大的资源和力量管理供应链及价值链，在可口可乐的战略中，成为价值链的管理者是它的根本战略，所以，可口可乐一直致力于在保证顾客口感的前提下，实现价值链上共同体的整体提升，确保给予顾客的价值不受影响。

要用顾客管理替代营销管理，需要企业的营销体系转换角色。这需要企业实现以下几点：第一，营销是顾客管理的一个部分，而非顾客管理是营销的一个部分；第二，要把最优秀的营销人才放到顾客管理的活动中，确保高层营销管理人员从事的是顾客管理工作，确保营销资源投放到顾客管理的活动中；第三，更新营销部门，用顾客管理与营销部门替代。

制造商和零售商之间产生纷争，原因或许是大家依然停留在狭隘的故步自封的状态中，没有清晰和深刻地认识到渠道的变化，没有感受到来自市场的挑战。如果没有共同的战略认知和共同维护这个市场的认识，市场上就会形成一种大家拼个"你死我活"的氛围，企业会只注重短期利益、不做长期的安排，置顾客价值于不顾，彼此厮杀。在这样的情况下，企业是无法生存下来的，最终的结局一定是两败俱伤。我相信这些关系早晚会改变，企业早晚要回到合作和共赢的路上来，企业之间的关系尤其是制造商和零售商之间的关系本身就不应该是一种博弈，而是一种合作。正如科特勒所说："制造商希望渠道合作，该合作产生的整体渠道利润将高于各自为政的各个渠道成员的利润。"㊀㊁㊂

渠道设计的关键是价值共享

分销渠道存在着一个令人非常困惑的现象：分销渠道成员的非分需求一直在不断增加。分销渠道好像永远和"得寸进尺"连在一起。在制造商的眼里，分销渠道就像是永远吃不饱的孩子。原因何在呢？抛开终端竞争的激烈、区域市场业态的变化，造成这种现象的根本原因是：渠道设计过于注重利益分享。

㊀　KOTLER P, LEVY S J.The concept of marketing [J]. Journal of marketing. 1969, 33(1): 10-15.
㊁　KOTLER P. A Generic concept of marketing [J]. Journal of marketing. 1972, 36(2): 46-54.
㊂　曹艳爱. 厂商合作带来的渠道价值链增值［J］. 家用电器科技. 2002，（4）：56-58.

　　利字当头是区域市场中低素质、不具备战略眼光和完善经营管理思想的渠道成员的典型表现。这些渠道成员唯利是图，不注重长期经营，不注重品牌、产品、推广、顾客关系、顾客满意等战略性问题，也不注重渠道、分销以及终端管理，只在乎短期效应，什么赚钱卖什么。他们才不管什么合作伙伴、战略性伙伴呢，谁返利高、政策好、广告投入大，他们就跟谁跑。

　　这样的渠道最终只能得到以下不好的结局：首先，分销渠道成员缺乏忠诚度。很多制造商发展到一定阶段，会遇到分销渠道的流失、叛变问题，于是制造商就责怪渠道成员没有忠诚度。殊不知，分销渠道成员凭什么要忠诚于制造商？分销渠道成员又不是制造商的员工，不拿年薪，制造商是没有理由要求分销渠道成员保持忠诚的。其次，分销渠道成员信用度低。诚信是一个很大的概念——大到国策，小到制造商的经营理念和对待市场、消费者的态度。诚信需要法律、道德和社会环境、经济发达程度以及自律的制约。在中国市场上，信用度恶化是目前渠道网络较为突出的问题。分销渠道成员不遵守契约，经常性地拖欠、占用、挪用货款，甚至卷款而逃的现象，给诚信蒙上了阴影。

　　困难重重的合作让制造商十分头痛，对分销渠道又恨又爱。其实，之所以出现这些困难，是因为渠道设计出了问题。在我看来，解决之道是：渠道设计以价值共享为核心展开。如何做到这样的设计呢？关键是解决两个战略层面的问题。

1. 价值链总动员：渠道成员的生存共识

在中国市场的发展过程中，制造商的诸多创新以及产品营销的改善，推动着价值的持续增长。而经营活动中的下游环节，如产品销售，却一直被视为需要但次要的活动。人们普遍认为，在价值链中，只有生产制造才是创造价值的中心环节。但随着顾客时代的到来，这种观点在逐渐转变。

1996 年前后，以家电行业陷入价格战为标志，中国市场整体进入买方市场阶段。1996 年，我国进口关税从 35.9% 下降到 23%，这意味着进口产品的价格优势逐渐显现出来，顾客开始拥有更充分的选择，松下在 1996 年放出豪言，称不惜花费 30 亿美元也要拿下中国彩电市场的绝对份额[⊖]。

1996 年 3 月 26 日，长虹彩电正式发起价格大战，降价蔓延至全国 61 个大中城市的 150 家大型商场，降价幅度

⊖ 中国经营报. 日本家电大败局：从全球霸主到"溃不成军"［EB/ OL］.（2022-05-14）. https://baijiahao.baidu.com/s?id=17327527890 95173269&wfr=spider&for=pc.

达 18% ～ 30%，长虹彩电的宣传册上还明确说，"同等功能和同等质量下，我们的价格比国外产品低 30%"。国内家电品牌迅速跟风，降价风潮席卷全国。但这场价格大战最终的结果是大溃败，放出豪言的日本企业没能如愿，中国的诸多家电企业也迎来亏损甚至倒闭。价格战不是顾客时代的解决方案，更不是可持续的经营方案，最终会让企业因无利而无法造福顾客。价值链作为一个整体应该合力贡献出品质和有竞争力的合理成本，这才是顾客时代可持续的经营方案。

1996 年进入买方市场，意味着企业要有更强的主动求生意识，并且不能再依赖个体求生，而要追求与价值链成员的共生。制造商和分销渠道成员只有通过共同的成本分析和分销战略设计才能共同占领市场。这种成本分析和分销战略设计由价值链分析、战略地位分析、影响价值因素分析三要素构成。

（1）价值链分析。价值链指的是企业在供产销过程中一系列有密切联系的能够创造出有形和无形价值的链式活动。它包括下列四方面的内容。

- 在供应过程中，企业与供应商之间的供应链创造价值的过程；

- 在产品的生产制造过程中，各环节、各单位创造价值的过程；

- 在产品的销售过程中，企业在与顾客的链式关系中创造价值的过程；

- 在市场的调查、研究、开发及产品的促销与分销等活动中创造价值的过程。

价值链有三个含义：其一，企业各项活动之间都有密切联系，如原材料供应的计划性、及时准确性和协调一致性与企业的生产制造有着密切的关系；其二，每项活动都能给企业创造有形或无形的价值，如注意顾客所需或做好售后服务，能提高企业的信誉，从而带来无形的价值；其三，它不仅包括企业内部的各链式活动，更重要的是，还包括企业的外部活动，如与供应商之间的联系、与顾客之间的联系等。

（2）战略地位分析。确定战略地位，从长远来讲，就是企业确定在顾客中树立怎样的形象。因此，战略地位可以由企业或企业的产品在顾客心目中的形象反映出来。而在渠道的层面上，确定战略地位就是解决渠道成员各自的定位问题。企业战略地位的确定，无疑与企业的长期竞争战略有着密切关系，更与渠道成员的长期发展设计有关。如追求低成本先导型战略的企业，其产品与竞争对手的产品的差异性往往很小，对这样的企业来说，在确定战略地位时，以相对高质量低价格来获得竞争优势是很重要的。而为了达到"相对高质量低价格"这个目标，渠道成员需要进行成本管理，并形成严格、标准的成本管理体系。相反，追求差异化竞争战略的企业，其产品相对竞争对手的产品有很大的差异性（外观、设计、特性等方面的差异），因而应以高质量高价格来获得竞争优势。而要想使其产品与竞争对手的产品产生差异性，建立一套支持这种战略的渠道体系至关重要，同时，高质量高价格还要求渠道成员保持创新。确定战略地位，从某种意义上讲，实际上就是确定渠道成员的顾客价值贡献。

（3）影响价值因素分析。影响价值的因素有很多，但大致可分为两类。第一类是与企业的"基本经济结构"有关的因素，可概括为以下四个方面：

- 规模大小。它可表明企业在生产、制造、销售、市场和产品的研究开发等方面的投资有多少；

- 产品或服务的复杂性。它是指企业向顾客能够提供多大范围的系列产品或服务，以及供应商能够向企业提供多大范围的原材料或服务；
- 技术（或者工艺）水平；
- 沟通范围。它是指企业与多少供应商或顾客有联系，关系如何（供应商是否对企业有忠诚关系以及顾客对其产品是否建立了忠诚关系）。

第二类是企业实施其竞争战略时的有关因素，包括下列内容。

- 忠诚于产品质量的习惯；
- 全面的服务管理；
- 对于顾客价值是否具有导入性贡献；
- 产品设计是否合理并容易制造；
- 各价值链是否使企业创值最高，尤其包括是否开发了与供应商或顾客之间的联系。

2. 共创价值链优势：渠道成员的生存之道

营销渠道是促使产品或服务顺利地被使用和消费的一整套相互依存的组织。由此可以看出，营销渠道的建立是为了在社会中完成一系列重要的经济职能，如产品的分销、服务的传递、信息的沟通、资金的流动等，从而弥合生产者和消费者之间在时间与空间上的距离。同时，营销渠道是不同机构之间组织的集合体，它们同时扮演着追求自身利益和集体利益者的角色。为了利益，它们之间既相互依赖，又相互排斥，从而形成了一种复杂的渠道关系，一种既竞争又合作的关系。

作为一种分析工具，价值链分析已超越企业的边界，扩展到供应商分析和分销商分析，具体来说，价值链分析涵盖企业外部价值链分析和内部价值链分析。外部价值链分析包括供应链分析和顾客链分析；内部价值链分析包括研发、生产和营销分析。一家企业要想有竞争力，必须创建自己高效的价值链。因为企业之间的竞争不单是企业单体之间的竞争，还是企业所处的价值链之间的竞争。同处一条价值链的企业之间应是一种战略合作的关系，而不仅仅是一种简单的买卖关系。

由于与供应商竞争状况下的 ROI（投资收益率）、ROS（销售利润率）和毛利均低于没有竞争状况下的数据，因此，价值链的竞争优势不仅在于价值链中每家企业的竞争优势，更重要的是通过企业之间的战略合作，塑造整个价值链的竞争优势。

价值链的竞争优势主要表现为两个方面，一是成本最低，并向消费者提供与众不同的产品和服务。成本最低不仅要求生产厂家努力降低产品的成本，还要求渠道中的每一个成员都不断降低成本。分销渠道是企业外部价值链中的顾客价值部分，该价值链是制造商—分销商—经销商—消费者。分销过程不能增加产品本身的价值，只是通过产品的流通和提供的服务，提高了产品的附加值。从消费者的角度来讲，任何分销活动均属于非增值部分，分销活动所发生的费用只是使他们付出了额外的代价。所以，分销渠道价值链的增值目的就是尽量减少消费者付出的额外代价。

二是渠道成员的合作优势。营销渠道内部经济活动的纵向安排或渠道中的交易方式大致有三种：

- 可以独立拥有和管理通过市场进行交易的专业单位，这里讲的是依靠市场交易，而市场交易主要依赖价格机制；
- 独资单位之间进行交换的全部纵向的整合（威廉姆森，1975），这种集团内部的交易依赖于管理机制；

- 在这两个极端的经济活动形式之间存在各种不同类
  型的结构，而在其中所涉及的交易各方则通过正式
  和非正式的合同安排对市场机制进行调整。

经济学家认为企业之间通过签订协议或契约可以达到
与一体化类似的结果。制造商和分销商或零售商合作则是
一种处于两种极端之间的中间状态。随着市场的不断发展，
渠道成员的地位也发生了变化。中国市场营销渠道的发展
经历了从重视制造商阶段到重视经销商阶段的过程，最终
进入了重视消费者阶段。

2020 年 5 月 28 日，格力电器官方在南方号上发表了
一篇讲述格力电器渠道发展的文章，名为"执手二十年，
董明珠和格力经销商路向何方?"[一]，文章的背景是"董明珠
在最近的直播中战绩卓然"。其中，快手直播销售额为 3.1
亿元，京东直播销售额为 7.03 亿元。文章用一个形象的词
来形容格力长久以来对渠道的做法，即"拥抱"，拥抱渠道
（无论是传统渠道还是新渠道）是格力创造营销神话的重要
成功之道，这使格力的高品质空调更有机会贴近顾客。这

[一] 格力电器. 执手二十年，董明珠和格力经销商路向何方? ［EB/OL］.
（2020-05-28）. http://static.nfapp.southcn.com/content/202005/28/
c3582706.html.

篇文章认为，格力的营销神话是"董明珠和格力经销商联手打造"的，并且讲述了在格力渠道合作中具有标志性意义的开端——格力湖北销售公司的成立始末。

文章说，"'神话'首次出现是在 20 世纪 90 年代。彼时的家电市场深陷价格战、低质低价的困境，格力与经销商的合作关系也充满了不确定性。如何在一片混乱中探寻出一条互利共赢的道路，是摆在格力面前的一道难题"。1994 年，当时的金牌销售员董明珠接管格力电器经营部，先是用"铁腕"手段确立了"先款后货"制度，即所有出货必须严格按照财务的批单进行，付完款的经销商才可以按照顺序提货。与此同时，格力出台了淡季返利的销售政策，激励经销商在淡季打款提货。格力对如何解决淡旺季的经营稳定性问题进行着探索，而采用的方法正是与经销商进行价值共享。格力的价值共享方法取得了显著效果：1995 年格力淡季回款达到 11 亿元，比上一年增长 3.4 倍，销量超过春兰空调，成为国内行业第一。

1997 年，格力又开始探索价值共享的渠道新模式，这个模式的样板正是格力湖北销售公司。这让我们看到了一个更加互利共赢的价值链合作模式。1997 年 11 月，格力成立了格力湖北销售公司。该销售公司是以资产为纽带、以品牌为旗帜的区域性销售公司，由格力出资 200 万元控股，其余四家经销商武汉航天、中南航运、国防科工委、省五金各出资 160 万元组建而成。格力湖北销售公司是格力在价值链上创造的"新模式"，开创了独具一格的制造商和分销商或零售商合作的专业化销售道路。以此为试点后，格力又将这种新模式迅速复制到全国，格力在空调领域强有力的领导者地位由此奠定。

文章称格力价值链上的渠道新模式是这样操作运行的："作为地区内唯一的合法机构，销售公司有权审核、管理区域内所有专卖店的经营情况，包括统一价格、专业培训、经营品牌等，这制止了各地大经销商之间的混战，市场秩序逐步得到稳定。"文章还说，"此后二十多年，董明珠与经销商执手共战，大杀四方，格力也多年盘踞家用空调市场第一的宝座。站在历史的角度回看，'共赢'是这场营销革命取得巨大成功的关键：厂商给予经销商一定的销售政策以保障其销售利润；经销商按照规定执行政策，既保障了消费者的权益，又维护了厂商的品牌形象；而厂商提供诚信的产品与服务给消费者，增强了消费者对品牌和厂商的信赖，从而拉动市场消费。在这一模式下，厂商、经销商、消费者形成了完美的闭环，家电行业也实现了长久稳定的上升发展"。这就是企业与渠道共创的价值链优势，最终受益的是消费者和整条价值链。

格力在 1997 年开创的这种渠道合作新模式其实是一种非常经典的模式，其中蕴含着共享价值链的本质原理。制造商与分销商或零售商之间的环节是分销渠道价值链的关键环节，也是增值潜力最大的环节。新的渠道合作模式建立后，渠道成员中制造商和分销商或零售商合作的表现形式虽然变了，但传统的渠道结构并没有改变，发生本质改变的是它们之间的关系——由松散的、利益相对的关系变为紧密的、利益融为一体的关系。这种公司式的合伙关系可以消除制造商和分销商或零售商为追求各自利益而产生的冲突，使制造商与分销商或零售商结成利益共同体，共同致力于提高市场营销网络的运行效率。并且，由于优势互补、重复服务减少，它们的经营利润都得以增加。

这种渠道合作新模式的具体优势表现在五个方面。第一，有利于打开新市场。渠道成员的合作可以降低开发新市场的风险。在新市场建立直销组织的成本是非常高的，销售代表和管理人员的招聘与培训必不可少，而且，由于前期的投入比较大，销售额可能无法及时弥补投入，这往往会导致企业在经营初期处于严重的亏本状态。而制造商和分销商或零售商建立合作后，制造商可以利用销售商已经建立起来的营销渠道网络将产品迅速铺向市场。

第二，降低供货源头成本。随着市场竞争的加剧，中国市场由卖方市场转为买方市场，许多领域都供大于求，商品价格日趋下滑，企业利润越来越薄，微利时代的到来使渠道的利润空间也相应地越来越小。在这种状况下，渠道成本的控制显得举足轻重。而格力的渠道合作新模式使格力在面对供应商时拥有更大的议价权，能够从源头上降低成本，实现更好的成本控制。

第三，抵制新进入者进入，提高竞争优势。整合营销传播代表人物唐·舒尔茨（Don E.Schultz）曾说，20 世纪90 年代，唯有"通路"和"传播"能产生差异化的竞争优势。在产品、价格乃至广告都无可奈何地同质化的今天，渠道的差异化竞争应是各企业发力的重点，因而市场决战在渠道。渠道竞争的核心是渠道资金的竞争，而落脚点则是对终端零售商的占领。制造商和分销商或零售商合作，使制造商与分销商或零售商整合成销售联合体，实现了制造商对零售网点的占领，从而形成渠道竞争优势。

第四，提高市场反应速度。在一切以消费者为中心的今天，企业需要让产品以最方便的途径被消费者购买，这就为制造商提出了一个巨大的挑战，即制造商要能对消费者的购买需求和评价做出最快捷的反应，否则，就难以在瞬息万变的市场上立足。然而，传统的制造商之间的关系是松散的、间接的，它们之间的利益是相对独立的，属于买卖型而非合作型关系。制造商与消费者的沟通，受到了制造商与分销商或零售商在每个环节上的保价行为的影响与制约，渠道的效率由此大受影响。而新的渠道合作模式恰好消除了这一弊端。

第五，降低渠道成本。渠道成员之间的充分合作有利于缩短渠道的长度，使渠道变得扁平化，变得可控，并且能减少渠道冲突，降低渠道成本。同时，渠道成员的合作也是一种风险共担的间接渠道形式，通过预购、集中采购，或商业资本向产业资本的渗透，制造商与分销商或零售商实现了共同经营，共同承担市场风险。除此之外，充分利用制造商和分销商或零售商的有利资源，有利于实现制造商和分销商或零售商的双赢，降低产品的成本，为消费者提供更好的产品与服务。

所以，在新的渠道合作模式下，各个渠道成员都能在各自的角色上发挥作用。制造商可以依据现有的资源优势选择适合自身发展的产业，寻找并确定自身在产业价值链中存在的价值与理由（能有效地给产业价值链中某个环节的相关制造商以及最终用户创造价值），确立不可替代的竞争地位。然后，制造商还可以在关键环节上发展自身的核心能力，并以此不断获取和整合更多、更好的产业资源，提升整条价值链的效能，更好地为顾客创造价值，确保自身的持续成功。

而分销商或零售商则可以有组织地把握、接近、影响、渗透和维持市场，为产品在流通领域建立支配力与影响力，并通过内部价值链各环节和产业价值链上下游，结合制造商争夺市场份额的共同要求进行整体协同，加速产品的生产与交易过程。分销商或零售商的竞争力来自整条价值链协同的效率，这使它们超越竞争对手，对竞争格局与规则施加强有力的影响，赢得顾客，获得市场竞争的主动权。

如今，格力又开始拥抱新渠道，创造着直播带货神话。但是，即使有了新的线上渠道，格力也没有忘记传统渠道，如董明珠所说，"不放弃线下门店"，甚至她选择直播的初衷就是"为几万经销商探路"。

随着时代的发展，渠道的呈现方式还会继续发生变化，但如同格力所坚持的共赢策略，价值共享依然会是拥抱渠道的关键。这是非常有代表性的共享价值链案例，充分说明了价值共享让整条价值链和顾客都受益。

构建价值网络

今天，很多企业都在构建价值网络，在理念层面这已经成为企业的共识。但是，如何在公司的战略和运营中形成有效的价值网络，仍是一个难题。因为价值网络的目的主要是获得企业价值创造的外部支持以补足和扩大企业自有资源，而这些资源在企业的控制范围之外，这导致价值网络管理极其困难。而宜家却解决了这一难题。

我们来看看宜家的创业历程及其中蕴含的价值链智慧[一][二]。1943 年，17 岁的坎普拉德在瑞典创立了宜家。起初，宜家主要销售的是钢笔、钱包和相框等小物件，为了保证这些小物件的性价比，坎普拉德通过阅读学校图书馆的报纸收集商业信息，从而选择从哪个制造商那里进货。这是非常清晰的商业模式，由此，宜家开始了小商品的邮购生意。在当地取得一定发展后，宜家于 1946 年联合当地乳业

○一　宜家. 从出身微末到享誉全球 - 宜家简史［EB/OL］. https://www.ikea.cn/cn/zh/this-is-ikea/about-us/wo3-men-de-gu4-shi4-pubad29a981.

○二　华泰证券. 宜家家居专题报告：强供应链筑基，渠道 + 产品双驱［EB/OL］.（2022-03-24）. https://baijiahao.baidu.com/s?id=1728162840050934059&wfr=spider&for=pc.

的庞大收奶车网络和渠道，构建了更加壮大的"邮购销售网络"。随着"二战"后瑞典经济的发展，城镇化在加速发展，坎普拉德洞察到家具市场的需求，于1947年把家具纳入宜家的经营品类，依然采用邮购目录的商业模式，基于邮购销售网络来实现家具销售。宜家向顾客邮寄《宜家通讯》的商品目录，根据顾客寄回的订货单，宜家直接向家具生产商采购并发货。今天我们依然可以看到的宜家精美的《家居指南》便起源于此。

从1949年起，宜家开始在瑞典的媒体上不断宣传自己的经营理念——没有中间商赚取差价，深受消费者欢迎。但是，由于宜家动了层层中间商的"奶酪"，瑞典全国家具经销商联合会对宜家展开了一系列制裁，禁止宜家参加行业展销会，并以联合会停止采购向家具生产商施压，阻止生产商向宜家供货。同行以恶意的价格战向宜家宣战，致使产品质量严重下滑，消费者的利益受到了严重的伤害，投诉的声音越来越多。整个产业因此一片狼藉。

为了走出危机，宜家开始自救。1953年，在自身的业务经营上，宜家做出了两个以顾客价值为导向的革命性改变。一是推出家具展销厅。因为产品质量不好将使顾客深受伤害，而顾客只看商品目录是看不出真实质量的，所以，宜家于 1953 年在瑞典阿姆霍特开了第一家家具展销厅，宜家希望顾客能够在这里真实地感受产品的功能和品质，以此赢得顾客信任。这个家具展销厅就是今天宜家商场的雏形。二是采用平板包装。这一简单而伟大的创举，一举解决了顾客和产业链的痛点，既减少了产品交付受损，降低了整条价值链的物流成本，还让顾客得到了性价比更高的产品。平板包装推出时，宜家官方网站用"大受欢迎"形容了当时的用户反响。

与此同时，宜家开始拓展价值网络，并更加重视价值共享。由于在本土遭到了家具经销商的联合压制，宜家开始寻求海外供应系统，这对宜家来说算得上是"因祸得福"，因为这让宜家获得了采购成本优势。比如，波兰的人工成本只有瑞典的 1/4 左右，这让宜家有了更大的价值网络优势。而更重要的是宜家在价值网络中恪守的重要原则：善待供应商。当时经销商往往拖三四个月才给供应商结款，而宜家十天内就会为供应商结清款项。联想起董明珠于 1994 年在格力发起的结算制度，我们就知道这个做法一定做到了供应商的心坎里，是真正地善待供应商。这使宜家与供应商形成了更友好的合作，越来越多的供应商愿意发展宜家的渠道。这种善待原则是宜家强健的价值网络的根基，是它在发展历程中形成的宝贵基因。

基于这些行动，宜家不仅完成了自救，还完成了对整个价值网络的重塑。这是一个非常经典的案例，如果我们愿意认真感受这个案例，会发现价值链的本质原理就蕴藏其中，甚至宜家成功和基业长青的秘密也蕴藏其中。

今天的宜家仍然遵循着价值网络的核心原则，同时也在与时俱进。2019 年 8 月 22 日，宜家中国在北京召开了企业战略发布会，宣布了宜家中国的三年战略，即"未来 +"战略。2022 年 8 月 24 日，宜家中国在上海举行了 2023 年财年启动会，发布了未来在中国长期坚持的品牌定位"家因你而生"⊖，同时总结了过去三年执行的"未来 +"战略。尽管三年间产生了很大的不确定性，但因为对战略的坚守，宜家中国兑现了"未来 +"的战略承诺。在"未来 +"战略的指引下，宜家中国打造了整合的全渠道生态系统，包括多元的线下渠道，还有宜家网上商城、宜家app、宜家可购物小程序、宜家天猫旗舰店等线上渠道，从而覆盖全国 301 个城市和地区，将在中国可触达的服务人

⊖ 澎湃新闻. 宜家中国：2023 财年全新本土化品牌定位"家因你而生"［EB/OL］.（2022-08-24）. https://baijiahao.baidu.com/s?id=1742050931944850445&wfr=spider&for=pc.

群从 1 亿人扩展到约 10 亿人。这就是新时代的宜家在中国所构建的价值网络。

我曾有机会在顺德参加家具行业的战略研讨会，顺德家具行业的企业家们都非常羡慕宜家的模式，同时他们也在思考：为什么中国没有一家像宜家一样的公司？其中有一位朋友问我："中国企业善于模仿学习，很多企业也在模仿宜家，为什么就没有出现一家类似于宜家的公司？"我试着回答他的问题。的确，中国企业是在模仿、学习中创新和成长起来的，到今天为止，几乎所有的中国企业都可以找到它们模仿和学习的标杆，无论是之前的家电制造业，还是今天的互联网行业。那么，为什么没有企业学习到宜家的经营模式？我想，一个核心的原因是，宜家的经营模式涉及复杂的供应价值网络构建，涉及创意设计以及设计转化为产品的价值链打造，更涉及顾客理解和战略资源获取能力，这些恰恰是其他企业无法模仿的。

建立全新的渠道发展观

蜜雪冰城是目前国内领先的冰激凌与茶饮品牌，在观察这家企业的成长时，有两点深深地触动了我。一是其鲜明的特征。在很多人看来，蜜雪冰城的门店是网红打卡地，在全国的各个下沉市场布满了这样的打卡地。其实，这样的打卡地就是一种新渠道，而且是真正联结了顾客及其内心的渠道。在互联网时代，新渠道可以发生在线上，也可以建立在实体店。而且，这种网红打卡地比传统渠道有了更进一步的发展，变成了渠道与品牌的组合。以前，渠道是渠道，品牌是品牌，是分开的，但在互联网时代，两者连接起来了，渠道在大众面前的可见度变得非常高。同时，渠道的真实建立和触达，让大众可以方便地购买产品。

二是其成立时间。这样的时尚企业不是由年轻创业者新创立的，其于 1997 年创立，已经成长了 26 年，有了丰厚的积累，可以说是一家老牌企业，这真是令我惊讶。蜜雪冰城对渠道的把控与发展，以及在互联网时代的与时俱进，都离不开在过程中的积累。这也恰恰说明了渠道需要发展。

其实，蜜雪冰城后期的迅速发展，在很大程度上得益于其前期的长期摸索，正是因为如此，它才会对渠道或者说风土有了深刻体认，从而精准理解下沉市场，快速把握渠道，抓住顾客的心。比如，当蜜雪冰城的业务拓展到某个地方时，这个地方人们的真实想法，不论是经营者的愿望还是购买者的心态，它都能拿捏到位，因为它是从下沉市场长出来的，服水土、接地气。相反，一些高端品牌或洋品牌很可能水土不服，而水土不服会导致企业无法建立能引水灌溉的渠道。

蜜雪冰城的门店作为网红打卡地，引来很多人的打卡分享，最根本的原因其实就是两个字——亲民。不被排斥，对渠道拓展而言至关重要。蜜雪冰城做到了这一点，所以，无论它开到哪里，当地人都没有把它当外人，因为它已经变得像当地人一样了。这就是渠道所蕴含的文化含义。从这个角度来说，发展渠道是需要"和"的，融合需要时间来磨合并形成同频。

对蜜雪冰城二十多年的渠道拓展之路进行深入分析，我发现了更多值得参考的关键做法。

一是坚持平价战略。蜜雪冰城的整体战略非常明确，在 1997 年创立时就明确了要走平价路线。这对企业来说是非常重要的指引，迄今蜜雪冰城的渠道发展仍然坚持这个战略路线。其中暗含着辩证的两面：机会的一面是市场非常广阔；而挑战的一面是，这样的下沉市场是非常难做的。在那个年代，有的家电企业也面临两难的选择——是在产品上向多元化发展还是在地域上纵深渗透，后者其实更难一些，因为要花更多的时间和精力去建设渠道、影响人们的认知，但从更长的时间轴来看，今天更具竞争力的企业其实是在当时选择了后者的企业。这些企业做了更难的事情，因此更具社会意义。蜜雪冰城之所以今天在全国下沉市场有上万家门店，背后的底层逻辑也是如此。

此外，做平价还有一个特别难的地方，是容易被一些人拿品质说事。比如，有些人会把平价产品与更高品质的产品对标，以此说前者的品质不行，说这些企业不舍得花钱，甚至说这些企业对顾客不好。其实，当企业真的以过高的成本去提升品质的时候就会发现，这条路是走不下去的，购买它们产品的人并没有那么多，最终只能亏本经营。当然，以过低的成本去做，同样也走不下去。所以，企业要回归经营的本质，不能用最低或最高成本的概念来衡量经营，而是要围绕目标顾客保持合理的成本、创造合理的价值，这样才会得到大多数人的拥护，路才能走通，渠道才能通畅。这些都是企业在做下沉市场和走亲民路线时会遇到的难题，对蜜雪冰城来说，未来依然有很长的路要走。

当然，这些问题不仅仅蜜雪冰城会遇到，凡是走大众市场这个渠道的企业都有可能会遇到。在这一点上，沃尔玛是楷模。沃尔玛坚定践行平价战略，扎根于地方小店脚踏实地地成长，并长期深耕美国的平民市场，这不仅使其避开了竞争，更赢得了民众的广泛信赖，进而有底气向全球迈进。这种对战略或经营理念的坚定不移和顾客信任，让更多伙伴愿意与沃尔玛在一起。沃尔玛因此"被"顾客和伙伴发展成为全球最大的零售渠道。最终，制造商、渠道成员和顾客共同受益，共同成长。

二是非常在意渠道的选择与呵护。蜜雪冰城在选择渠道时采用了招聘式做法，就像企业招聘人才一样。在招聘上，组织行为理论以两个契合为指引：一是能力的契合，也就是能力对岗位的胜任；二是价值观的契合，也就是个人与组织价值观的一致，这一点对招聘和人才效能具有决定性的作用。选择渠道也是如此，这会决定渠道效能。

蜜雪冰城选择渠道别具眼光，主要看负责人的成就感驱动力如何。比如，他是不是很想买一辆奔驰汽车。在一些人看来，这或许有点俗，可这会给一个人带来真实的动力，尤其是在蜜雪冰城面向的平价市场和区域，这种质朴又真实的愿望，这种对改善生活的渴望，会驱动一个人不断向前。这种选择渠道的方式让双方真正合拍，成为成长愿望一致的整体。当然，奔驰汽车只是一个象征，象征着企业愿意将价值创造成果分享给大家，象征着所有人共享价值链。共享价值链会让大家更有成就感和获得感。《财经》杂志对蜜雪冰城的评价是"联合全中国想当老板的人，打造贩卖快乐的基础设施"⊖，这句话也许有些直白，但通过这句话，我们可以看到蜜雪冰城的价值共创，看到它想要合作和发展的渠道，看到它对顾客感受的在意甚至超越了产品本身。

在渠道呵护上，蜜雪冰城也有两点直击要害，一是保障品质，二是提升店面形象。蜜雪冰城在保障品质方面的努力，既包括供应商的选择，又包括自身的建设，比如，核心食材是由蜜雪冰城自己生产的，这样能充分保障渠道的利益，尽可能地保证供应品质和效率的稳定性，从而保障顾客的利益。在提升店面形象方面，蜜雪冰城从品牌标识到店面空间都围绕目标顾客展开专业的设计，这使其更加契合顾客的内心，同时保持了企业的整体形象。这些努力帮助其渠道成为有品牌影响力的渠道，促进渠道与品牌的结合。所以，不要忽略整体形象和顾客感受，对处在分销这一"分部"位置的诸多门店而言，整体形象不仅是一种形象，还代表着大家统一以整洁的形象去触达顾客，代表着一种彼此协同的管理效率。顾客由此也能产生一种美好和信任的感受。从更大

⊖　朱凯麟. 成为中国最大连锁品牌：蜜雪冰城成长史［EB/OL］.（2023-01-26）. https://business.sohu.com/a/634543282_115571.

意义上讲，这种对渠道的呵护其实也是在发展和推广下沉市场的形象，对于这些县市的市容市貌也是一种点缀和引领。这也许是其"红"的一个潜在原因。

还有保持积极乐观的心态。这也是蜜雪冰城值得借鉴的一点，是持续共生的关键。如前面所说，做下沉市场其实是非常难的，当疫情给餐饮业带来沉重打击时就更难了，所以企业要有长期的准备和积极的心态。蜜雪冰城的一家旗舰店刚刚开业，就遇到了疫情，这家店的老板没有说亏损，而是说少挣了 20 万元。我相信这样的心态会使他在疫情后迎来更多希望。

还有一个细节是，蜜雪冰城的创始人张红甫说自己很欣赏喜茶，因为它提升了行业的高度，这种对同行的欣赏至关重要，是对行业整体发展的重要指引。真正的欣赏会让大家超越竞争，专注于真正的价值创造，更关心顾客而非你争我斗。创始人或企业家的积极心态也会影响到内外伙伴，指引大家向友好、能促进行业整体发展的方向前进。拥有"和"的心态，彼此合作而非冲突，不论是对企业、价值链还是产业，都是大有益处的，不仅会提高整体效率，还能使顾客受益。

综上，宜家和蜜雪冰城的成长可以帮助我们建立正确的认识，即企业需要确立新的渠道发展观。我把它称为建立伙伴关系的渠道发展观，包括以下五个方面。

第一，以战略为导向的分销渠道组合设计。由于市场环境变化较快，而且目前已经处于通过多种渠道进行分销的商业阶段，因而企业思考问题的重点应放在如下几处。

- 根据自身的战略要求制订有针对性的渠道组合方案，即从各个渠道的发展潜力，对企业的销售额贡献、利润贡献，渠道利用水平和改进潜力等角度，对渠道进行分析，判断各个渠道对自身的价值，对渠道顾客进行细分，制订与战略相匹配的渠道组合方案；
- 设计相关的机制和措施来协调各渠道，以减少或避免渠道的冲突；
- 通过对渠道的控制和权重的优化来优化各渠道销售的结构及制造商内部的成本结构。不断优化各渠道的销售结构和对渠道进行控制，应该是营销管理的核心任务；
- 考虑对组织结构和流程进行调整以适应渠道管理的需要。

现有分销渠道相对比较单一的行业需要更加关注潜在

的、新的分销渠道，即在传统的渠道之外选择具有战略意义的、适合于销售的新渠道，无论是网络平台还是虚拟社区。新渠道的开发不仅意味着获得目前的非顾客群体，还意味着能使企业更快速、更有效地应对市场需求的变化，或降低总体的交易成本，或改变现有的竞争劣势。以商品优势竞争的传统正逐渐消失，渠道的差异化是中国企业面临的难题。渠道是企业接触消费者的主要媒介，企业应根据渠道重组营销架构，以渠道为先的组织更具竞争力。

第二，提高渠道效率。在传统的批发零售模式中，金字塔式渠道的多层次架构降低了渠道的效率，延误了商品到达消费者手中的时间，导致企业对终端消费者的信息掌控不力，并且增加了营销成本。无论是京东还是宜家，都在努力解决成本与效率的问题。

2016 年刘强东做客第一财经《改变世界》栏目，秦朔问了他一个问题："中国的零售市场因为有了京东出现了哪些更本质性的改变？"刘强东答道："第一是创造用户体验。现在无数互联网公司都把用户体验放在了首位，京东是在互联网行业第一个大规模提出并践行用户体验概念的。第二是行业的成本，中国的社会化物流成本占整个国家 GDP 的 17% ～ 18%，日本大概只有 5% ～ 6%，所以中国大量的制造业、传统企业的利润都被社会化物流成本吞噬掉了，利润都没了。按照我们的财报，京东第一次把整个中国的社会化物流成本降了 70%，把过去达到 100 天的库存压缩到了只有 30 多天，提高了两倍以上。这些都是京东过去多少年来坚持投资给整个行业带来的价值。"

时间再往前推 5 年，2011 年原央视主持人王利芬在优米网对刘强东进行了专访，面对京东能否长期存在的问题，刘强东表达了他的"社会追求"："我分析了许多案例，如果既能创造社会价值，又能创造顾客价值的话，我没看到过这样的企业倒闭。当然，别犯冒进的低级错误。所以，京东过去多年强调的是降低社会交易成本，提升社会交易效率。"事实上，提高渠道效率事关消费者福祉，正是社会的期望。京东为实现这一社会期望而进行的长期努力及产生的成果，正是京东存在的重要意义。

第三，避免渠道冲突。在开发市场的初期，跨区串货、低价竞销等非正当竞争在所难免，这导致的直接后果是，经销商互相杀价导致价格混乱，渠道体系遭受重创，最终多败俱伤。因此，规避冲突，保持渠道之间的有序竞争是各企业需要直面的问题，企业的态度和应对策略直接关系到渠道的质量。

格力湖北销售公司的有序运作是典型的案例，这一案例说明，关键是合作要建立在渠道整合和价值共享上。渠道不只要分布广泛，还要统一整合，这样才能保证不乱。如前文所说，该公司作为格力在区域内唯一的销售机构，有权审核和管理区域内所有专卖店的经营情况，包括统一价格等，这制止了各地大经销商之间的混战，使整个市场秩序趋于稳定。与此同时，格力还通过给予经销商一定的销售政策保障其销售利润，驱动经销商按照规定执行政策，这样就在保护消费者利益的同时维护了格力的品牌形象。这些举措使格力与经销商、消费者之间形成了有序的价值链。事实上，今天正在不断加强的企业数字化建设让信息越发透明和对称，并且让企业和整个价值网络系统的整体性都在加强，这更有助于避免渠道冲突。

第四，建立伙伴关系。渠道效率很大程度上取决于渠道成员对制造商的忠诚度。过去，传统渠道的情况是中国本土的销售渠道质量不高，从国营体系转过来的往往模式僵化，私营成分分销商虽然机智灵活，但很多是从小商店发展起来的，没有受过系统、专业的培训，自身的素质欠佳。如果它们的营销水平和服务质量得不到改善，必然会对品牌产生负面影响，从而损害制造商的利益。今天新渠道的优势不仅仅体现为在线或互联网的新形式，更体现为知识的驱动。知识的驱动使在互联网时代崛起的优秀渠道既灵活又专业。当然，最大的进步在于渠道更懂得利他的重要性，懂得伙伴的重要性，因此更在意彼此的维护和支持，从而互利共生。这也是今天传统渠道的转型之本，不仅仅是向在线发展，更是借助数字化转型让自身嵌入价值网络，真正在意整个系统的目标和价值，并基于此贡献价值，建立起更多互利共生的伙伴关系。

除了盈利政策，制造商和分销商之间还应建立共同的愿景，并为此而努力，使渠道成员获得长久成功而不仅仅是短期效益，这才是合作的最佳状态。制造商选择渠道成员的标准之一，应该是渠道成员的目标和价值观与制造商的宏观市场目标和价值观一致。因此，制造商的渠道管理人员同时也应是一名咨询员，他需要了解渠道成员的公司整体结构，并对此提出自己的改进意见。比如，西安杨森在对分销商的支持方面主要有以下几点：一是界定经销区域，最大限度地保证分销商的利益；二是为渠道合作伙伴提供"造血机制"，西安杨森在培训渠道成员、提升其整体素质方面出台了一系列举措。

第五，创造新渠道。在传统渠道开始变革时，我们有机会关注渠道在这个时期的发展以及由此形成的各种新趋势。制造商与分销商之间的合作是制造商直接和零售商打交道，绕开渠道所有的中间环节，避免了渠道冲突，大幅降低了成本，是渠道扁平化的最佳体现。在占据上风、控制着消费终端的零售商眼里，今后渠道的理想模式将是制造商、物流服务商和零售商的组合，人们谈论的将不是如何"建立渠道"而是如何"进入渠道"的话题。

总之，建立伙伴关系的渠道发展观要求企业以顾客价值为导向重构整个价值网络系统，从顾客价值的角度来理解、尊重和发展渠道的意义，最终，以伙伴关系共创顾客价值。渠道自身也应该持有彼此协同的整体观，并做出相应的顾客价值贡献。由此，渠道管理不仅是指销售或供给，虽然它们也都非常重要，但更重要的是，它是一种思维方式，也是一种与顾客建立新型联系以捕捉崭新商业机会的方式。一家公司与其顾客之间存在各种互动方式，包括顾客怎样及在何处购买商品或服务、怎样及在何处使用这些商品或服务等，而建立伙伴关系的渠道发展观就是这些互动方式的本质。

最后，我引用史蒂文·惠勒（Steven Wheeler）、伊万·赫什（Evan Hirsh）[⊖]的观点做总结：拥有好的产品不一定称霸市场，相反，有能力管理不同渠道及其带来的经验和关系，才能使自己与众不同，脱颖而出。

协作效应

美国学者罗莎贝斯·莫斯·坎特（Rosabeth Moss Kanter）提出了 "协作优势"（collaborative advantage）[⊜]，在她看来，建立、保持广泛协作关系的卓越能力，对提高企业的竞争力有着重要作用。的确如此，离开协作，任何一家企业都无法独立生存。企业总是处于一条明确的产业链，不同的企业联合起来为顾客创造价值，就会形成协作效应。

优势互补

在竞争激烈的商业环境中，处于各个商业领域的各家企业都在努力建立伙伴关系甚至联盟。当总体大于部分之和时，协作是非常有必要的。每个联盟都力图通过建立伙

⊖ WHEELER S, HIRSH E. 寻求渠道差异化优势［J］. 企业标准化. 2002（3）: 40-41.

⊜ KANTER R M. Collaborative advantage: the art of alliances [J]. Harvard business review. 1994, 72（4）: 96-108.

伴关系形成协作效应。获得行业领先地位的企业都比那些默默无闻只能得到微薄利益的小企业更明白，与别的机构建立伙伴关系是好的选择。苹果令人震惊的异军突起一方面源于乔布斯的天才，另一方面则源于苹果搭建的商业平台，这个商业平台为众多软件开发商开辟了全新的路径，使它们获得了与消费者直接互动的机会。而苹果也由此可以无限地满足消费者的需求，并拥有了持续创新和变化的可能。

苹果和众多软件开发商之间的合作，基于市场与技术的优势互补。对软件开发商来说，与苹果合作可以更多地获得接触顾客的机会，而苹果则可以利用软件开发商的创新能力，快速而准确地满足顾客的需求。这些原本无论从行业还是市场来说都属于竞争对手的企业，为了应对挑战、实现协同优势而联合到一起，从竞争对手变成协作伙伴，形成了利益共同体。这一方面可以避开双方所面对的困境。如果苹果在原有的基础上与惠普、戴尔、诺基亚、摩托罗拉进行竞争，无疑会陷入被动，而软件开发商如果仅仅以新进入者的身份挑战成熟的通信行业，也会遭遇意想不到的困难。而双方的合作，使这些难题迎刃而解。另一方面带来了全新的竞争格局，苹果对于通信行业的彻底变革，足以说明协作所带来的竞争优势。

这就是协作效应产生的条件和前提——与具有互补竞争优势的伙伴建立联盟，通过协作获得彼此的利益。其中，了解和共享彼此的互补竞争优势显得尤为重要。

跨业互补

另一种情况是，利益共同体之间没有竞争关系，也不处于同一个行业，但协作可以使双方的竞争优势合从而形成共同利益优势。

奥运会是这种协作效应的最好注解。每次开办奥运会，主办方都会深度了解与其有外部战略关系的利益共同体，理解其合作目的和过程，借助这些外部战略资源，一项全人类关注的活动得以完美呈现。

这种团结协作正是奥运精神之所在。更进一步说，不论身处何地、来自何方，不论彼此是否认识，大家都是人类命运共同体的一分子。2021 年，面对突如其来的新冠疫情，国际奥委会第 138 次全会正式通过了一项重要修订，将"更团结"加入奥林匹克格言。这个新修订的格言"更快、更高、更强——更团结"引发了世界各地各行各业的人们的强烈共鸣，这体现了更加令人振奋的奥运精神和人类精神。2022 年北京冬奥会期间，《人民日报》于 2 月 9 日发表了重要评论："连日来，世界各地的冰雪运动员相聚北京冬奥会，在'更快、更高、更强——更团结'的奥林匹克格言感召下，用拼搏与汗水书写追梦故事。无论是首次亮相的新人，还是多次参赛的老将，都在超越自我，挑战极限。从'更快、更高、更强'到'更快、更高、更强——更团结'，奥林匹克格言的演变深刻阐释了奥林匹克精神的时代特征。北京冬奥会不仅是传递激情和梦想，展示勇气和力量的赛场，更是抒写奋斗和团结的舞台。"[⊖]

新希望集团的案例也充分体现了这种协作效应。和很多中国家电行业的领先企业一样，新希望集团一直在探索中国农业的国际化之路。由于农业的属性和特征，新希望集团的农业国际化需要寻求比较优势，也需要满足消费者对食品品质的需求。从农业的成本和品质来看，澳大利亚市场成了集团国际化选择的战略方向，但重点是如何敲开澳大利亚市场的大门。

为此，刘永好发起了一项对中澳两国长期合作有战略

⊖ 人民网."更快、更高、更强——更团结"（冬奥画卷）[EB/OL].（2022-02-09）. https://baijiahao.baidu.com/s?id=17242318927746573 99&wfr=spider&for=pc.

意义的计划，名为"中澳农业及食品安全百年合作计划"（ASA100）[⊖]，该计划于澳大利亚当地时间 2014 年 11 月 17 日下午在澳大利亚堪培拉签署，并在两国时任最高领导人的见证下正式启动。这项计划有利于双方人民的共同利益，也成为中澳自由贸易协定十年谈判的一个落地举措。

为了整合更大的力量来推动该项计划，新希望集团跳出了农业本身，进行了跨业联合。刘永好联合了国内各行各业的企业，同时找到了澳方的合作发起人。这个发起人并不是农业领域的企业家，而是澳大利亚福特斯克金属集团董事长安德烈·福瑞斯特。该集团在澳大利亚拥有强大的铁路网络，善于合作并乐于与中国企业合作。

这就是跨业互补的协作效应，它会让企业获得通向顾客的桥梁，获得通向世界的桥梁。

开放边界

在整合与协同的过程中，边界是一个很大的屏障。2022 年 2 月 17 日，IBM 发布了全新的品牌主张"携手共

⊖ 新希望集团. "中澳农业及食品安全百年合作计划"首届成员大会成功举行［EB-OL］.（2014-09-18）. http://www.newhopegroup.com/jtdt2014/Article/20168/ArticleContent_233.html.

创"（Let's create）。根据美通社的报道[⊖]，"这是 IBM 过去十多年来最重要的品牌主张。'携手共创'反映了今天的 IBM 的愿景、战略和目标，强调公司对创新和协作的专注，旨在为顾客和合作伙伴创造长期价值、帮助他们应对商业世界紧迫的问题"。通过这个品牌主张，我们可以看到 IBM 对顾客价值和协作的重视。

2022 年 3 月，"睿见 2022"以"携手共创：成为让世界更美好的催化剂"为题与 IBM 中国总经理缪可延进行了对话[⊖]，缪可延说："IBM 的愿景就是作为 21 世纪最受信任的合作伙伴，我们要成为让世界变得更美好的催化剂。IBM 的技术是善意的，是值得信赖的，我们致力于让世界变得更美好。最近 IBM 也提出了新的品牌主张，那就是'携手共创'。IBM 不追求一家独大，我们希望做大我们的生态圈，我们传递真实的技术价值，这是 IBM 现在最重要的战略。"携手共创的底层逻辑正是"无边界"，这是今天 IBM 对企业的新认知，它把未来企业定义为"无边界企业"。

　⊖ 美通社. IBM 发布全新品牌主张——"携手共创"（Let's create），与顾客和合作伙伴加速创新［EB/OL］.（2022-02-17）. https://www.prnasia.com/story/351758-1.shtml.
　⊜ 《财经》新媒体. 携手共创：成为让世界更美好的催化剂——睿见 2022| 对话 IBM 中国总经理缪可延［EB/OL］.（2022-03-18）. https://www.163.com/v/video/VM1QHKAMA.html.

2022 年 7 月 30 日，2022 全球数字经济大会数字金融论坛在北京召开，IBM 副总裁、IBM Consulting 高级合伙人兼中国区金融行业总经理范斌做了题为"携手共创数字新金融时代"的主旨演讲[一]，在表达了携手共创的新主张之后，他介绍了 IBM 提出的"无边界企业"的概念和六个内涵特征，从而让概念更加可操作。我概括如下。

（1）开创性的平台战略与生态系统。开放性是无边界企业的决定性特征。开放性有助于推动业务平台地扩展，从而创造更为广泛的生态系统。在 IBM 看来，平台战略在一定的监管规则及道德引导下是一个好的模式。

（2）科学和数据主导的创新。过去，很多创新依靠的是专家和经验，未来，在无边界企业概念的引导下，企业将通过科学的发现方法和成熟的数据支持进行有目标的创新。

（3）扩展的智能化工作流程。借助这样的工作流程，企业能提升工作效率，改进做事方法，缩短流程。

（4）关注可持续发展与社会影响。无边界企业要让人、

[一] 热点科技. IBM 范斌全球数字经济大会数字金融论坛主旨演讲：携手共创数字新金融时代 [EB/OL].（2022-08-08）. https://www.itheat.com/view/32728.html.

地球与企业和谐共存，形成注重环保的运营模式。对此，范斌以银行为例进行了解释：银行作为金融的血液，能在可持续发展方面起到推动作用，如向践行绿色发展的企业提供类似信用卡的积分以及企业贷款方面的利率优惠。

（5）包容性的人机偕行。对此，IBM 的解释是，在目前科技快速发展、企业数字化加速的背景下，不管从监管还是从行业竞争上讲，都要考虑人与机器如何协作的问题。以前是人和人之间的沟通交流，而未来，你的"同事"可能是机器人，怎样让员工适应这一发展趋势值得深思。

（6）开放安全的混合云与网络。企业可以通过开放安全的混合云与网络，同生态系统中的合作伙伴开展合作，以安全可靠的方式创造价值。

演讲的最后，范斌说道："'无边界企业'是 IBM 对于数字经济未来的思考，它会不会成为继电子商务、智慧地球等 IBM 前瞻性预测之后的又一个现实？让我们拭目以待。"

我对此也充满期待。

07

第 7 章

品牌的本质

品牌是能力而非梦想，品牌是结果而非资源。品牌之所以具有巨大的魅力，是因为品牌就是顾客体验的总和，是顾客内心的共鸣。

很多人都有品牌情结，我也同样拥有品牌情结。但是，拥有情结是一回事，创立品牌是另外一回事。2005年之前，我倾向于渠道优先于品牌，对于那个阶段的中国企业而言，渠道驱动比品牌驱动更加重要，因为我们还不具备创立品牌的能力。太多企业和企业家把品牌看得太重，甚至一直做着品牌梦，但是，成就品牌的不是梦想，而是实实在在的能力。这种能力一方面是企业的能力，另一方面是顾客的能力，离开了企业和顾客的能力，品牌是不会存在的。因此，产品、渠道和品牌是缺一不可的，它们是相互协同的整体，一起完成顾客价值创造。产品通过渠道触达顾客，品牌则让产品如虎添翼，更具影响力。在渠道帮助产品触达顾客的基础上，品牌进一步触达和联结顾客的内心世界。

品牌是顾客体验的总和

在过去很长一段时间，人们被品牌态度、品牌增效、品牌效应溢出、品牌稀释、品牌认知等繁多的词湮没，每每谈起品牌总是津津乐道。由此，我们可以看到营销人和经理人对品牌的追求，看到管理者和企业家对品牌的热爱，看到专业人士对品牌的关注，更看到消费者对品牌的爱恨交织。这一切都表明，品牌已经成为经济生活的一个要素，人们确信品牌具有巨大魅力。

今天"品牌"已经成为每个人都热衷讨论的词，但并非人人都真正理解其内涵。作为品牌的一个追随者，我个人对关于品牌的那些不严谨的说法颇感不安，因为如果不能理解品牌的真实含义，品牌就会变成商业的包装而失去力量。

品牌的定义和内核

人们通过相关图书可以非常容易地获得品牌的定义，比如，《兰登书屋英语词典》（*The Random House of English Dictionary*）中对品牌的定义是：①一个词、名称或者符号等，尤其是指制造商或商人为了在同类产品中区别出自己产品的特色而合法注册的商标，通常十分明显地展示在商品或广告中；②品牌名称广为人知的一种产品或产品生产线；③（非正式）在某一领域的名人或重要人物。

虽然这个定义有些过时，但是它可以让大家对品牌有一个相对清晰的认识。我说它过时，是因为这个定义过多地依赖于产品、商标之类的有形物。不错，品牌在一定程度上是物质的，经常由产品、场所和人来代表。但当工业革命转变为科技革命，整个世界也随之从"有形世界"转变为"数字世界"的时候，那些无形的理念如知识产权、创意、产品和服务等对财富的驱动力，远远大于有形的物质。其中品牌的力量显得更为突出，比如，在可口可乐的市场总价值中，情感实体远大于物质实体，罐装饮料厂、卡车、原材料和建筑物这些有形的物质资产对可口可乐和华尔街来说，并没有全世界的顾客对这一品牌的好感重要。

　　所以，品牌的全面定义应该是：品牌具有最基础的本质，这一本质不是外在的，也不是完全用产品或服务来定义的。就像柏拉图所认为的那样，我们在日常生活中体验的所有具体事物的各个侧面都存在着该事物的"理念"，是"理念"使事物更长久，甚至拥有永久的意义。

　　也许这样的表述方式不够概念化，其实我想表达的意思是：品牌最终是以具体事物的形式表现出来的，但是，这个具体事物本身并不代表品牌。品牌是这个具体事物在人们内心认知的外化表现而已。品牌概念可以称为"柏拉图的理念"，人们可以在没有看到产品或者没有直接体验服务的情况下对其产生反应。比如，"哈根达斯"这个名称本身，甚至它的标识，都能让人想起美好。是的，它代表冰激凌，但更意味着美好。品牌承载的最突出意义是一种感觉以及对于这种感觉的期待。

　　按照密歇根大学商学院教授 C.K. 普拉哈拉德及文卡特·拉马斯瓦米的说法，权力钟摆向顾客的移动使产品"不过是一种顾客体验"[⊖]。这一概念无疑意义深远。产品和服务需要不断更新，而其品牌却是永恒不变的。所以，品

　　⊖ 普拉哈拉德，拉马斯瓦米. 消费者王朝：与顾客共创价值 [M]. 王永贵，译. 北京：机械工业出版社，2005.

牌应该是这些体验的总和，而非产品或服务本身。事实上，从进入网络经济的那一天开始，顾客决定的力量就开始发生作用了，企业与顾客之间是战略伙伴关系而非交易关系或者服务关系，商业世界围绕着顾客运转成为新的经济规律，商业最终随着顾客而非那些最成功的分销商或者零售商而起起落落。我们生活在这样一个经济时代，必须更加关注顾客的体验，必须认识到：在顾客与品牌的关系中，产品和企业本身只是载体而已。

我这样说或许有些过分，但是如果人们理智地思考，就能理解产品和企业的功能到底是什么，在这里，我再次引用彼得·德鲁克的观点："企业的目的就是创造顾客。"⊖如果没有顾客，企业和产品都没有存在的意义和缘由。企业应该从关注产品转变为关注顾客。在营销领域，人们对"第一提及率"非常热衷，可是深入研究就会发现，"第一提及率"所显示的并不是顾客自身的努力，反而是企业所做的努力。"第一提及率"反映的是一种产品或者产品特征、一种品牌的自觉认知，但这并不代表人们一定会购买，就像人们可能会在多种场合提及保时捷汽车，但这些人不

⊖ 德鲁克. 管理的实践 [M]. 齐若兰，译. 北京：机械工业出版社，2008.

一定真的想购买一辆保时捷汽车，因为在大多数人的消费习惯中，保时捷并不是与他相关联的产品。即便有一部分人能买得起，也不见得会选择这款产品，因为这不是他们的生活方式。所以，品牌与顾客的距离一方面是购买能力，另一方面是品牌本身与顾客的关联，这决定着其是否成为顾客心中的品牌。如果品牌脱离顾客的内心，顾客会觉得品牌和自己没有关联。但如果品牌成为顾客心中的品牌，他们甚至愿意支付一定的溢价。苹果手机刚问世时不少人觉得其价格略高，但当人们逐渐喜欢上这个品牌时，就有很多人愿意选择苹果手机，甚至购买苹果品牌的相关产品，这就是品牌以及品牌的力量。

回到顾客的层面，企业就能找到品牌的核心内核。品牌之所以成为品牌，是因为它能在顾客心中产生共鸣，能够获得顾客的信任。如果品牌能尊重顾客更高级的需求，能在开发产品与服务的同时开拓可以巧妙调节产品与服务的营销交流途径，品牌就能高于产品，因为这样一来它更具有意义。对顾客的理解、对顾客情感需求的满足、对顾客认知理念的理解和认同能引发顾客更为强烈的、更细微的、更复杂的源动力，正如需求层次理论所描述的那样：人们渴望归属感、纽带关系，希望有所超越和自我实现，希望感受快乐和满足等。最成功的品牌总是能够激发起积极的情感，如联邦快递的"使命必达"。

品牌是能力而非梦想

品牌所产生的影响主要作用于消费者和最终用户群，它强调的是品牌提供商的独立行为，并不与价值链上的其他成员构成直接利益关系。品牌的奥妙之处就在于它能使品牌提供商在逆境下仍然保持固定的市场份额和相对的品牌忠诚度。

这是一些人的观点，你是否同意？回答这个问题，实质上是回答品牌到底是怎样发挥作用的。品牌面向终端市场，好的品牌会对品牌提供商产生拉力——由市场作为拉力的动力源，整个供应链都受到市场的拉力作用，从供应商至零售商几乎都可以抛开烦恼，只要不假思索地供货就行。在美国、日本以及欧洲的一些国家，GE、IBM、西门子、微软等品牌早已深入人心，它们通过各种市场传媒手段和质量保证，取得并保持品牌的成功。这些企业重视"品牌为先"，对它们来说，开拓新的市场需求并且实现品牌对市场的最大影响力才是最重要的，因为有了品牌就有了市场拉力，其他的东西会随之而来。

　　一个简单的例子可以让上述文字更容易理解。过去，在 IBM 个人电脑上通常会有两个经典标签"微软"和"英特尔"，这两个标签对 IBM 个人电脑的消费者产生了巨大的拉力，很多消费者甚至就是冲着这两个标签才购买 IBM 个人电脑的，因为它们是电脑核心性能的标志。如果抹掉这两个标签，IBM 的品牌拉力就会在某种程度上受到影响，尤其是在 IBM 个人电脑品牌成熟之前。这也解释了为什么在 IBM 个人电脑的巨大销量背后更赚钱的反而是微软和英特尔，因为关键能力在这两个品牌那里。

　　品牌效应导致很多人特别是一些中国的研究学者认为中国企业已经步入"品牌经济"时代，但我还是要提醒大家：在现阶段，中国企业做品牌的能力还需要积累！

　　一些企业认为，不断地做广告，进行事件营销，制定新的营销策略以及加大市场投放，就是为建立品牌做出努力了。这么多企业如此做品牌运作，让我感到很紧张，因为这是非常浪费的行为。把品牌看成企业追求的目标，是极其错误的认识，同时也是不肯面对现实的认识，因为从某种意义上讲，中国企业还不具备建立品牌的能力。

　　我认同品牌经营对一家企业在市场上获得成功发挥着重要的作用，也看到很多中国企业真切地感受到了品牌所起到的不可替代的作用。然而，一些中国企业低估了品牌经营的难度，并且概念不清，比如，将产品等同于品牌，将服务和广告等同于品牌经营，将市场占有率等同于顾客忠诚度，将与竞争对手的区别等同于品牌之间的区别，等等。这些对概念的错误认知导致企业在建立品牌的过程中常常走到相反的路上。

　　秦池、三株都是曾经的广告巨人，但它们最终都因自己的失误而轰然倒地。1996 年，秦池酒业以 3.2 亿元拿下央视广告标王，但第二年就被曝出销售勾兑酒。广告做得响，酒质却低下，这家企业在顾客心中的形象一落千丈。三株口服液的广告在 20 世纪 90 年代中期遍布中国大街小巷，就连很多村镇的墙体上也粉刷着这个产品的广告，1996 年其销售额达到 80 亿元，这个销售额不但在当时是非常高的，即便到现在也很高。遗憾的是，三株忽略了广告和顾客之间还需要真实有效的产品来对接和沟通，当顾客对三株口服液的疗效提出疑虑的时候，优异的销售业绩也没能使其逃离倒下的命运。

　　虽然这些都已经成为历史，但其中的深刻教训依然需要我们铭记。广告是获取顾客认知和知名度的重要营销工具，但广告本身并不等同于品牌的建立。很多企业不顾一

切地做广告——的确，广告可以使某个名字广为人知并使
其一个阶段内的销量增加，但过度的广告投放、过度的服
务成本、过度的产品包装，以拼价格换市场，以适应竞争
对手的变化为策略只会伤害品牌。

　　表 7-1 能让大家对商品、名字、品牌、强劲品牌产生
清晰的认识。企业的产品进入市场后有四种情况。第一种
情况是成为"商品"，特征是顾客知道产品的名字，但除了
这个产品是"产品类别中的一个"之外，顾客对产品没有
更多的了解，例如菜市场上的各种蔬菜。第二种情况是成
为拥有"名字"的商品，特征是顾客知道其名字，并认为
其产品有别于竞争对手的产品，有一部分顾客想要这种差
别，例如人们在超市看到的各种商品。第三种情况是成为
拥有"品牌"的商品，除了具有"拥有名字"的商品所具
有的特征外，还具有顾客指名要其产品、顾客同意用更高
的价格接受其产品等特征，例如宝马。第四种情况是成为
拥有"强劲品牌"的商品，到这个时候，除了具有品牌的
特征外，品牌企业还可以拥有目标顾客，并且目标顾客将
其品牌人格化并正面认同，同时品牌企业对目标顾客而言
无所不在，例如麦当劳。建立品牌的过程，应该是不断获
得表 7-1 中所列明的各种条件。

表 7-1 商品、名字、品牌和强劲品牌

	商品	名字	品牌	强劲品牌
1. 顾客是否知道我们的名字	√	√	√	√
2. 除了"产品类别中的一个"之外，我们的名字是否别无其他	√			
3. 顾客是否认为我们的产品有别于我们的竞争对手的产品		√	√	√
4. 是否有一部分顾客想要这种差别		√	√	√
5. 顾客是否指名要我们的产品			√	√
6. 我们是否可以要求一个比较高的价格			√	√
7. 目标顾客是否将我们的品牌人格化并正面认同				√
8. 我们的品牌是否对目标顾客而言无所不在				√

中国企业做品牌的能力还不够，是因为一些中国企业的产品只达到了"商品"或者"拥有名字"的商品这个程度，还不具有成为真正的品牌或者强劲品牌的各种条件。对大部分中国企业而言，顾客知道其产品的名字，但至于这些产品是否有别于其竞争对手的产品，顾客没有太多的感受。顾客想要的差别，它们没有能力提供，因此大部分顾客不会很确定地指名要哪一家企业的产品。它们往往会优先采用低价销售的市场策略，而企业的目标顾客是谁、他们的需求如何……这些问题它们却回答不了，或者根本就不关心，因此无法获得人格化的认同。

当然，中国企业的品牌能力到底处于哪个阶段，不能一概而论，不同产业因为过往的发展与积累不同，所以走到了不同的阶段。比如，改革开放后率先成长起来的中国家电产业相对成熟，尤其是海尔、美的、TCL、格力等行业领先企业，凭借多年的成长夯实了一定的产品能力。而且，这个产业本身距离消费者的生活很近，产品形象也很直观，对一代代消费者生活的影响使这些企业在人们心中留下了烙印。所以，在这种较为成熟的产业中，中国企业逐步获得了一定的品牌能力。但要成为可口可乐这样的强劲品牌，我们还有很长的路要探索。这样的品牌甚至已经走过了百年的基业长青之路，才敢说自己哪怕最后只剩下一个品牌名字，也可以凭此再生。品牌的确需要一个持之以恒的构建过程。此外，因为顾客在不断地变化和成长，品牌能力也总有提升空间。所以，这里说我们的品牌能力还不够，不是悲观，也非贬义，而是强调我们要有更清晰的理性认知，不要盲目地、过于冒进地建立品牌，要脚踏实地，一步步来。

品牌定位于顾客意图而非企业核心竞争力

企业是不断变化的，产品和服务也在周而复始地发生

着改变，而顾客体验最终会定义品牌。我最初明确地写下
这个观点的时候，邮递员刚好为我送来了2007年第3期的
《中国国家地理》杂志，杂志的封面标题是"江南专辑"。
在不同人的眼里，江南是完全不同的，地理学家说江南是
丘陵，气象学家说江南是梅雨，文学家说江南是"天堂"。
我也曾写过一篇散文《西塘》[⊖]，在这篇散文中，我感受到的
是清纯："何以踏上这小镇的土地，我的心就有了一种如
归的亲近？安静地坐在西塘的午后，我知道这是自己内心
向往的生活状态，不需要繁华，不需要奢侈，只需要清纯
的河水，只需要一缕箫音，在微微的风中思绪淡尽就可以
了……"这就是我的江南。同样一个江南，在不同的人心
中竟然有如此不同的认知。江南之所以能够牵动那么多人
的思绪，正是因为这些人都可以在江南体验到自己的感受，
都可以表达自己对于生活意义的理解。

很多企业都基于企业核心竞争力来确定自己的品牌优
势，这恰恰是错误的。正如很多人都以为是小桥流水、唐
诗宋词的风韵构成了江南的品牌，其他地方没有这些独到
的历史和资源，所以无法构建品牌。但我不同意这样的说

⊖　陈春花. 在苍茫中点灯［M］. 北京：机械工业出版社，2008.

法，江南之所以是江南，不是因为小桥流水，不是因为唐诗宋词，而是因为江南切合了游人细腻、温柔的心。

企业确定品牌的关键也是与顾客的价值需求相一致，简单地说，就是品牌定位于顾客意图而非企业核心竞争力。我曾经在一本书上看到克林顿在 1996 年竞选总统时发表的一句著名的短语："经济，乏味透顶的东西。"每次克林顿提到此，都提醒选民他所关心的是工作、失业、福利、税收以及所有老百姓正担忧的其他问题。"经济，乏味透顶的东西"这句话把克林顿定位成唯一一个关心老百姓疾苦的人，其他候选人力图抢回注意力，但是克林顿已经捷足先登。其实，克林顿正是在定位于选民的意图而非自己的核心竞争优势——演说能力和领导能力来构建自己的品牌。

所以，在开始考虑确定品牌的时候，企业首先需要确定的是顾客意图，确定自己在顾客意图方面擅长什么，不擅长什么。企业擅长的地方是能帮助其实现顾客意图，还是伤害顾客意图，又抑或是与实现顾客意图毫不相关？

很多时候，企业核心竞争力与品牌的内涵被混淆了。人们认为具有核心竞争力的企业一定能构建品牌，更糟糕的是，很多企业把营销投入也定位为品牌构建，因此大量投放资源，不断地进行市场定位的调整和完善，投入很多时间和资源改善营销策略，考虑在哪里获得原材料以及怎样管理和分类产品，不断地调整产品组合，甚至开始创造更新的产品，这一切都使其距离顾客越来越远。它们认为这些努力都是在构建品牌，却忘记了品牌内涵需要符合顾客意图，更加忘记了企业需要吸引顾客前来购买它们的产品，而不仅仅是一味地推送或盲目推销。品牌或产品如果不能真正符合顾客意图，只是为了变化而变化，哪怕变得天花乱坠，哪怕塞满顾客的双眼，让顾客随处可见，也入不了顾客的法眼，甚至反而会让人生厌。这就是企业太在意施展自己的力量或者说用力过猛对顾客的伤害，它们的努力也都成了无用之功。

其实，这些地方反而是企业应该注意收力的地方，企业真正应该做的是更关注顾客，因为最终来判定企业真正的强弱或持续竞争力的是顾客。我认同企业核心竞争力对于企业非常重要，但是也请大家明白，企业核心竞争力是实现品牌构建的一种能力，而不是品牌的内涵，品牌的内涵只有一个，那就是顾客意图，许多企业犯的错误就是简单地把两者联系在一起，将核心竞争力等同于品牌。

斯科特·贝德伯里（Scott Bedbury）和斯蒂芬·芬尼契尔（Stephen Fenichell）认为，对品牌而言，七种核心价值最为重要⊖：①简洁；②耐心；③关联性；④可接触性；⑤人性化；⑥无处不在；⑦创新。这七种核心价值正是顾客意图的体现，也许企业处于不同的行业，有不同的规模，但在构建品牌的时候，体现这些核心价值是所有企业都必须关注的，因为它们正是顾客所期望的价值。

　　构建品牌是一个需要回归顾客层面来进行努力的过程。也许品牌有多种表述方式，但我还是选择从顾客价值这个方向出发来定义品牌，这样会使品牌构建的方向符合顾客成长的方向，也唯有这样，企业才能真正构建自己的品牌。这里再重复我对品牌的定义：品牌是顾客体验的总和。

品牌的构建

　　从本质上来说，构建品牌是定义有竞争力的强劲价值定位，并持之以恒地将此定位价值交付给顾客的过程。为了做到这一点并做得出色，企业必须回到服务顾客的基本工作上去管理自身的业务运作。只有基于这个出发点，企业才会理解如何才能产生品牌。虽然改革开放后中国企业

⊖ 贝德伯里，芬尼契尔. 品牌新世界［M］. 苑爱玲，译. 北京：中信出版社，2004.

在市场奋斗中创造了很多产品，也拥有了丰富的商品市场，但中国企业中可以算得上真正成功的品牌还是很少的。这不是悲观的论调，我只是想阐述一个事实，因为在我的逻辑中，品牌本身并不代表"优秀"，品牌是企业选择进入市场和取得市场的方式，依靠企业的市场营销以及品牌提供商自身形象（产品／服务质量、价格、交货服务等）来经营，品牌最终能否让市场和顾客满意，要看消费者对品牌本身的认知，表现为企业能否获得顾客指名购买的殊荣。

构建品牌的时机

企业何时才能构建品牌，取决于以下几个方面。第一，产品本身是否拥有独到的价值。产品是品牌的载体，没有好的产品，是不可能产生品牌的。好的产品能够满足顾客的需求，能够提供可靠性和可追溯性，能够在同类产品中脱颖而出，给予顾客独特的感受，例如，三星产品的质量、可靠性及服务与三星管理人员强调产品质量的做法密切相关。三星还拥有一支研发队伍，不断改善产品质量，并提供满足顾客需求的产品。究其原因，一是 1993 年李健熙提出"新经营"宣言，誓言三星不再做"二流货"，必须成为一流企业，二是三星于 1995 年开启创新元年，通过创新设计实验室培育真正有文化、懂顾客生活方式的人才，进而孕育创新产品。这两项战略举措重新塑造了三星的品牌形象。

第二，能否实现个性与可见度。当企业产品和企业形象在个性化和可见度上都能有所建树的时候，企业就为品牌的构建奠定了基础。可口可乐虽然一直保持口感不变，但是不断推出新的包装，不断与各种活动紧密结合，迎合消费者的品位，因此成为人们无法忘怀的品牌。至 2022年，可口可乐已经与奥运会合作了 94 年。为迎接北京冬奥会，可口可乐于 2021 年 10 月启动了"畅动冰雪迎冬奥"消费者互动活动⊖⊜，这项活动历时 104 天，足迹遍及成都、上海、南京、长沙、武汉、郑州、北京等城市，跨越超过 12 500 千米，吸引了近百万公众驻足参与。这项活动呈现的是可口可乐携手奥运 94 年历程中的精彩时刻和珍贵物品，如历史奥运火炬、全明星奥运吉祥物、经典与创意交融的历史奥运海报等，还为顾客提供了沉浸式冰雪运动

⊖ 人民网. 畅动冰雪迎冬奥，春节期间公众多种形式了解冰雪运动［EB/OL］.（2022-02-04）. https://baijiahao.baidu.com/s?id=1723821 723970678727&wfr=spider&for=pc.

⊖ 第一财经. 传承百年经典，燃动冬奥激情：可口可乐中国"畅动冰雪迎冬奥"消费者互动活动亮相北京［EB/OL］.（2022-02-07）. https://www.yicai.com/news/101309293.html.

体验等互动活动。很多顾客在体验后感叹"一次性看完这么多历史奥运火炬,真是机会难得""我很高兴能够大饱眼福""感觉有些穿越了,站在这里能让我重新感触到当时的记忆",这就是可口可乐与顾客的沟通。这个精心策划的活动,让保持口感和红色标识的可口可乐充分彰显出自己的个性和可见度,无法让人忘怀,同时,其品牌的历史积淀和社会影响让人产生了更多感触、增长了见识。这就是可口可乐对品牌构建时机的把握和精心准备。

此时再回到"可见度"这个关键词上,我们就会更加理解这些出色安排背后的逻辑。奥运会有足够高的可见度,而体育强国和"双奥之城"让北京冬奥会更加举世瞩目,火炬也是奥运会的亮点和重要标志,本身就自带光环的可口可乐品牌在这些高光的加持之下就更具可见度了。这个案例中蕴含着很关键的一点:你得有产品价值和品牌个性,就像在可口可乐与奥运会的品牌故事中,如果可口可乐的产品不具备令顾客喜欢的品质和自己的个性,即使再强的高光,也不能增强其品牌的可见度。所以,品牌不只要追求曝光,更要充满内涵。

在高可见度中呈现出令人赞赏的个性,正是北京冬奥会中另一个品牌安踏所做的努力。兼具功能与美感的服装展示是冬奥会的一大特色，运动健儿的服装在这个高光时刻显得更加亮眼。开幕式上各国体育代表团登场的环节，令人们在感受各国运动员风采的同时，还欣赏到了一场充满活力与观赏性的"时装秀"。各个体育代表团穿的是什么品牌的衣服一度成为热议话题，中国体育代表团身上的"安踏"也成为大家关注的焦点。2022 年 11 月 21 日《人民日报》13 版发文《为中国体育发展贡献力量》[⊖]，对安踏用实际行动为国家体育事业持续做出贡献的行为大为赞赏："早在 2010 年，安踏就携手中国体育代表团征战温哥华冬奥会赛场。在过往的 4 届冬奥会上，持续为中国冰雪运动员提供比赛和训练装备。在北京冬奥会上，安踏装备助力中国体育代表团取得 9 金 4 银 2 铜的佳绩。"由此可见，安踏的产品价值是品牌之基。安踏产品对冬奥会中国体育代表团的长期陪伴与持续贡献也是重要的品牌成长与积累。综上，基于产品价值实现个性和可见度，是重要的品牌时机基础。

第三，是否拥有稳定可靠的渠道。品牌的构建在更大的程度上取决于渠道的可靠性和稳定性，因此，企业必须

　　⊖　人民网. 为中国体育发展贡献力量 [EB/OL].（2022-11-21）. https://baijiahao.baidu.com/s?id=1750070681969822310&wfr=spider&for=pc.

先解决渠道的问题，再开始谈论品牌的构建问题，好的品牌无疑都是渠道创新者、渠道建设者。它们能够与渠道分享并创造价值，能够和渠道一起满足顾客的需求，渠道也因为品牌企业而充满活力和成长。典型案例是汽车行业的佼佼者，无论是宝马、奔驰还是奥迪，都是因为与渠道深度合作才获得了稳定而持续的市场占有率，从而维持品牌覆盖率的。

第四，是否具有向顾客传递并沟通价值的整个业务系统。这是最后一个关键条件，因为品牌意味着顾客的忠诚度、顾客的价值定位、顾客对产品价格的敏感性等，这些要素不是企业做好某一个方面就可以获得的，而是需要企业整个业务系统的支持。比如，海尔的服务、新产品研发、物流、供应链管理、市场化能力、传播以及与顾客的沟通等所有一切的综合才构成了海尔的品牌。

企业对品牌构建时机的把握，需要满足上述四个方面的条件。违背这些条件或者不能满足这些条件的企业如果构建品牌只会把企业葬送，很多曾经铺天盖地打广告的企业都是因此而消失的。品牌不是通过广告宣传就能被消费者认可的，我们应该在意的是企业有没有真正静下心来为品牌构建打下坚实的基础。因此，管理者要明白的是：品牌不是企业的目标，而是一个结果，企业需要具备构建品牌的四个方面的条件，并寻找属于自己的品牌构建之路，用时间去努力奠定构建品牌的基础，当时机成熟的时候，品牌自然会为顾客所认同。

品牌的构建之路

企业一定要认真思考品牌的构建需要经历什么样的过程，需要完成什么样的关键点，否则，企业所做的努力很可能只是品牌构建之路的一个点，而其他点却被忽视了。那么，品牌的构建之路是如何展开的呢？借助于很多人的研究，我将其归纳为以下七步。

第一步：拥有识别力量

品牌构建的第一步是能够让顾客识别，这种识别来源于企业提供的产品本身、服务以及标识。在这一步，企业需要非常清晰地传递产品的价值主张，不断提升产品的质量，并且精心设计自己的标识系统，使其易于记忆与区分，能被顾客清晰地认知到。可口可乐、奔驰、耐克、苹果等品牌都具有强大的识别力量，中国的一些企业常常希望通过模仿让自己的标识与某个著名的商标类似，而对产品质量的投入和关注程度却不够，因此在识别力量上仍显不足。

第二步：价值链管理

价值链管理以及价值链成员之间的权力分配是构建品牌的第二步。这种权力的分配体现在供应商、制造商、销售商、顾客等多方面的权力共享上，如果所有品牌构成成员不能恰当地进行资源分配，就不可能形成对于品牌的共识。因此，品牌企业需要很好地协同价值链成员之间的价值分配以及价值空间，使每一个成员为顾客最终的价值做出贡献。

最能说明这一点的是英特尔和微软，它们是两个隐含在价值链中的成员，但是，它们自身价值的贡献会决定一台电脑的运行速度和操作有效性，因此，无论是之前的IBM 还是现在的联想，以及戴尔、惠普，只要是生产个人电脑的制造商，都需要在其产品上标注英特尔和微软的标识，因为这两个标识能够体现电脑品牌的价值。英特尔和微软由此获得了自己的品牌地位。

第三步：经理人始终如一地交付价值

企业必须确保产品、销售方法以及所确立的价值定位之间协调一致。这要求经理人必须具有对从产品设计、生产到销售、分销和定价这一完整的业务流程进行管理的能力。大部分企业的经理人并没有把自己和品牌构建联系在一起，他们通常认为自己是一个管理者。事实上，经理人是品牌成功的关键要素之一，因为经理人对产品的设计、品质等一系列决定产品价值的活动及其资源分配有决策权。如果经理人能够保证始终如一地交付价值，顾客就会得到稳定、可靠的价值感。如果经理人只是用很低的标准在工作，无法提供稳定和可靠的产品，无法保证产品的一致性，品牌构建就会成为空话。

这一步也许是中国企业在构建品牌的过程中最容易出现问题的环节。当产品质量无法达到交付标准的时候，一些经理人为了完成自己的业绩，就会放弃质量标准而出货。当竞争对手处于有利地位的时候，一些经理人会选择牺牲消费者的利益来换取企业一时的增长，以期夺回有利的市场地位。这些行为也许会获得暂时的成功，但是会对企业品牌造成长久的伤害。

第四步：员工能够清晰地表达价值

品牌的真正代言人是企业的一线员工，只有企业的一线员工能够清晰地表达企业的价值理念及产品的价值主张，这个产品才会真正深入人心。如果企业的一线员工都不了解产品的价值，企业是不会得到顾客对产品价值的认可的。我到一家公司调研时，发现了一个非常有意思的现象，这家公司的员工会很认真地对顾客说："购买我们公司的产品是非常划算的，因为我们竭尽全力降低成本，这是我们公司的价值理念。"但这样的沟通只会使顾客不愿意选择这家公司的产品。我和顾客交流的时候，顾客告诉我说："我们担心这家公司的产品质量不够好，因为公司的员工说，公司会竭尽全力降低成本，也许他们会偷工减料。"之所以会出现这种情况，是因为员工在传递公司价值主张时表达不准确，引发了顾客不好的联想。

还有一种情况也是我在调研中常常看到的：员工从内心里并不认同自己公司的产品，他们把这种不认同的情绪传递到顾客那里，使顾客对企业产品产生了疑虑。让员工深刻地理解以及认同企业的价值理念和产品的价值主张，并将这些理念和主张贯彻在日常行动中，是想要构建品牌的企业必须做的事。

第五步：找到可细分的忠诚顾客

顾客被明确细分出来并具有忠诚度，是衡量品牌的一个关键指标，因此，在经营过程中，企业要不断地诊断一些问题，这些问题能够帮助企业找出在品牌经营中的关键不足之处。例如，一家公司可能会发现，它所提供和推动的产品利益并不是目标消费者所看重的，在这种情况下，为了获得消费者对品牌的忠诚度而重新确立产品的价值定位和市场战略是有必要的。

奢侈品品牌路易·威登了解到它的细分顾客是那些希望彰显自己的优越、富有的人群，因此，路易·威登总是把"LV"标识非常张扬地置于产品最显眼的位置，正因为如此，路易·威登的顾客忠诚度非常高。但是，对于另外一群重视低调的奢华，希望品位和财富被隐藏起来的细分顾客，路易·威登的产品就不适合了，而爱马仕满足了这个细分客群的需求，并设定了更高的价格、更强的独特性，以及产品类型的唯一性。爱马仕的这些努力，使细分顾客进一步提高了对其的忠诚度，也使自身获得了品牌的更高溢价。

第六步：保持能够承受的增长速度

增长是企业追求的目标，但是，这个目标需要成为品牌的基础而不是伤害。如果增长为企业带来的是对市场和顾客认同的损害，这样的增长就是企业不能承受的。在现实中，因为盲目地追求增长速度而忽略顾客价值，进而导致经营和品牌出现严重问题的例子比比皆是。增长速度当然重要，但过高的增长速度如同超速行驶，过犹不及，得不偿失。所以，企业需要保持能够承受的增长速度，比如，同仁堂在人们心中的可靠性并不是靠企业发展速度获得的，而是靠"炮制虽繁必不敢省人工，品味虽贵必不敢减物力"的耐心，牺牲这份耐心的速度就是品牌无法承受的速度。再比如，新希望集团刘永好董事长主张"领先半步"，这句话有两层含义：既不能不思进取、不敢创新，也不能步伐过快、超出自身可以驾驭平衡的能力，因为失去重心也会跌倒。这两家企业都是各自领域的长青企业和领先品牌，它们的成功充分说明，成长的节奏至关重要。

第七步：实现真正的利润增长

构建品牌需要巨大的投入，从产品设计、供应商选择、生产过程的标准控制、渠道有效性的保持、产品交付到为顾客提供可感知的价值，这条长长的价值链上的每一个环节都需要企业大量投入并以高标准来完成。因此，品牌产品一个显著的特征，就是拥有较高的价格体系。也正是因为在价值链上的每一个环节的高投入，顾客在获取产品的时候才愿意支付高价格，并感受到高价值。这时，品牌往往已经深入顾客内心，或者说已经打造成功。借此，品牌可以创造出属于自己的价值，而不是单纯的产品价值，企业也因为品牌创造的价值而实现真正的利润增长。如果顾客不愿意接受产品的高价格，企业就无法实现真正的利润增长，也就无法构建真正的品牌。

经过这七步，品牌的构建之路才真正完成，之后循环反复，不断持续，企业就能建立真正的品牌。所以，品牌构建之路也是企业发展之路。致力于构建品牌的企业往往会获得持续的发展，因为伴随着品牌的构建，企业在这七个步骤里就能把基础夯实，打造出强劲的品牌并获得持久的发展。

品牌构建的环境

品牌的构建取决于消费者的认知，而不仅仅是企业自身的努力。为什么近 200 年来，大部分品牌都源自欧洲？一种观点认为，欧洲是早期资本主义国家的萌芽地，经济发达，所以诞生了很多品牌；另一种观点认为，欧洲有着深厚的文化底蕴，能够很细腻地表达品牌价值，并获得共鸣。也许这些观点都能成立，但是，深入思考之后，我发现，欧洲在近 200 年里诞生了这么多品牌，和欧洲人的消费习惯有非常大的关系。在欧洲，人们消费并不是简单地为了生活，而是为了表达一种立场、做出一种选择，这为品牌诞生奠定了坚实的基础。

新奢侈主义者

2008 年秋，我在南京大学为 EMBA 学生讲课，一个学生告诉我，他只住香格里拉酒店，我为遇到了一位新奢侈主义者而感到快乐。我喜欢新奢侈主义者的原因是，他们并不是富有一族，他们所展示的也绝不是社会地位，而是真情流露。

我曾经看到这样一个故事：杰夫是一位美国建筑工人，虽然年薪只有 5 万美元，他却用一年的时间攒钱买了一整套卡拉威（Callaway）高尔夫球杆。在为期 8 个月的芝加哥高尔夫赛季期间，杰夫经常 6 点起床工作，只为了下午 4 点能赶到高尔夫球场，打上 18 个洞。他说："买这套球杆的原因是，它让我感到富有。你可以经营世界上最大的公司，成为世界上最有钱的人，但是你买不到比这更好的球杆。当我在球场上把你们打得一败涂地时，我的感觉好极了，感到了平等。我挣的钱比你们少，可我的日子比你们好。"这也是一位新奢侈主义者。

一直以来，奢侈品都是商业时代的标签，是个人美好生活与社会身份的象征，所以，我们看到很多人为了展示他的富有，无节制地炫耀，如摇滚明星猫王曾驾驶私人飞机，耗费 5500 加仑⊖汽油，只为买一个三明治，这是老派的摆阔。新派的做法如 1998 年甲骨文亿万富翁埃里森硬要参加海洋帆船比赛，那次比赛有 6 名水手死于高 40 英尺⊜的大浪和时速 90 英里的强风。在美国经济学家索尔斯坦·凡勃伦（Thorstein Veblen）的《有闲阶级论》⊜里，他们都是"招摇式的挥霍"："对有闲阶级而言，价格标签与地位的关系极为重要，要表现财力并借此取得或者维持名声，手段就是招摇式的挥霍行为。"

我一直以为，如果没有真正的新奢侈主义者，可能就不会有真正的品牌，我把这两者放在一起来看待。2016 年浙江卫视《喜剧总动员》第一季中，贾玲团队为观众奉献了一系列有意思的作品，尤其是总决赛作品《海岛之恋》在让人爆笑的同时还引人深思。这部作品讲述了一个普通年轻女孩的圆梦故事。这个年轻女孩是一位足疗技师，每

⊖　1 英加仑 =4.546 立方分米；1 美加仑 =3.785 立方分米。
⊜　1 英尺 =0.305 米。
⊜　凡勃伦. 有闲阶级论［M］. 蔡受百，译. 北京：商务印书馆，1964.

大认认真真工作，一年到头终于攒下来一笔钱。她打算用这笔钱过一天奢侈的生活，如她所说，为了这一天，她愿意做 364 天的灰姑娘。为此，她还写下了这一天的愿望清单，如做一次飞机、喝红酒还有遇到一位白马王子等。接下来，她开启了这场旅行，乘飞机到达海岛，喝了"82 年的拉菲"（这个词已经成为象征尊贵的网络流行语），还遇到了一位和她有共同语言并且可以保护她的白马王子。她知道这一天会过去，于是在最后留下了自己的愿望，希望有一天再次见到这位慷慨善良的白马王子。一天结束后，女孩重新回到了平常的生活，一天，一位有些疲惫的安保人员来到这家足疗店，女孩和白马王子再一次邂逅，故事到此圆满落幕。

从消费方式或者生活方式来看，这个故事或许蕴含着一个更加深刻的寓意：今天，年轻人的消费方式其实是并存的，有奢侈或趋优的一面，也有平淡或极简的一面，这种并存让生活更加真实。并且双方并不冲突，是阳中有阴、阴中有阳，绝对的奢侈或绝对的平淡都是不存在的，而是奢侈与平淡互相融合在一起。所以，通过这个故事，我们既能看到新奢侈主义者的影子，又能感受到人们内心对于真诚与友爱的期望和渴求。奢华的生活如果只是奢华也不

会触动人心，如海岛上的一天中最终感动女孩的不是白马
王子的富有，而是他愿意奋不顾身地保护她的安全。在平
凡的日子中，人们也愿意攒下一些积蓄，为了寻求向往的
美好事物而努力与付出，为平淡的生活增添一份惊喜，收
获一份小而确信的幸福。所以，奢侈不再是单纯的表象，
消费者内心的诉求才是真实的答案，这映射出不同以往的
新奢侈生活，这种生活更多是一个人内心的真实写照。

新奢侈主义者与奢侈主义者的区别在于：前者关心自
己内心与品牌的共鸣，后者更关注品牌对于自己身份的彰
显。品牌应该去响应人们心中的那份美好。英国"下午四
点因茶而停"促使立顿红茶诞生，LV 箱包因为人们对旅途
中绅士般生活的渴望而问世。如果没有这种内心的共鸣，
也许这两个深入人心的品牌就不存在了。

我一直渴望看到中国品牌的深入人心，但我们依然还
在探索中。对于这样的品牌缘何稀缺，人们一直在不断地
寻找原因，很多人把原因归结为产品、技术或者产品沟通
策略但是，我认为更重要的原因不是这些，而是中国缺乏
新奢侈主义者群体。今天的年轻人已经有了类似的倾向，
相比以往，这些年轻人会更加真实地表达自我、展示内心，
这是中国企业构建品牌的际遇。当商业环境达到这样一种

境界，即人们发自内心地追随一个品牌，并渴望与这个品牌真正走在一起，不为炫耀，不为张扬，甚至不为名利时，品牌的诞生就是水到渠成的事了。

时尚

我一直认为时尚离我很远，因为我的生活里更多是读书、写书和接触自然。当我这样生活的时候，学生告诉我：率性的生活正是他们内心中的时尚。我忽然被搞糊涂了：到底什么是时尚呢？柏林的时尚是平底靴，自由舒适且不会太吸引眼球；伦敦的时尚是搞怪和新潮，能够吸引世人驻足才最重要。这两种截然不同的风格，却都代表了时尚。

《名利场》杂志的前时装总监朱利亚·弗赖塔格（Julia Freitag）被誉为"最时尚的人"，但她却喜欢"特立独行"的圈外人的感觉，而这种感觉所形成的风格被称为时尚。看来，要弄清时尚的确不容易，它太"个性"、太"独立"、太"主观"，也正因为如此，我甚至认为，没有足够智慧的人是无法理解时尚，更难以把握时尚的。

让我开始认识时尚的，是和亚敏的结识。那时她出现在新加坡国立大学学校课程的海报上，被称为"时尚教母"，我想通过她的课程我或许就能了解什么是时尚了。课程的时间并不长，但是亚敏很认真地告诉我，她会跟随我的课程。之后，新加坡国立大学在广州开设巡回课程，由我来主讲，亚敏真的如她所说从台湾飞到了广州，我终于明白了她的认真。这个课程之后，亚敏开始把她代理的产品、她经营和设计理念的相关介绍以及她的作品寄给我。通过这些，我开始隐约了解到时尚的内核。

时尚就是一种感觉、一种生活方式，知道自己想要的，并努力去实现它。基于亚敏给我的感受，我给出的时尚定义是：由内而外的认真喜好。

时尚是一个时代认同的喜好。在久远的时代，丝绸是时尚，那时，丝绸是古罗马人狂热追求的对象。古罗马市场上丝绸的价格一度上涨至每磅[⊖]约 12 两黄金的天价，造成罗马帝国黄金大量外流。这迫使元老院制定法令禁止人们穿着丝衣，而理由除了黄金外流以外还有丝织品被认为是不道德的。"我所看到的丝绸衣服，如果它的材质不能遮掩人的躯体，也不能令人显得庄重，这也能叫作衣服？"然而，到了 1953 年，克里斯蒂安·迪奥（Christian Dior）先生大胆地将裙下摆提至离地 40 厘米的位置，对传统的及

⊖　1 磅 =0.454 千克。

地长裙进行了革新。他的这一举动成为当时时尚界的轰动事件，更成了一个时代永远的象征。

时尚是个人的立场。每季的时装发布会，不仅向大家传达了时尚界的流行信息，也表达了设计师的观点和个人立场。在商业世界，这一点也有所体现。小巧的 iPod 使苹果扭亏为盈，之后的 iPhone 则成为时尚的代言词，并引领潮流。正是因为在设计中加入了时尚因素，苹果才成了年轻人的立场代言人，市场的神话由此创造。

一个真实的例子是亚敏与 Camper 的结缘。亚敏选择 Camper，是因为她出国期间看到了 Camper 推出的一款可爱娃娃鞋，由于太喜欢了，她兴起了代理的念头。她用毛笔手写企划书，不说能替 Camper 卖多少双鞋子，而强调她的喜好、她对鞋子和走路的认知，因此获得了品牌商的赏识并取得了代理权。

亚敏将 Camper 中文名译为"看步"，她认真地对待 Camper 以及每一个接触 Camper 的人。比如，为了给我选一双合适的 Camper 鞋子，她多次确认我的脚的尺寸，还把说明书和产品手册连同鞋子一起寄给我。她的同事说"她是不放过别人，也不放过自己的人"。即使是做 Camper 的名片或者信封上的标识，她也要求一定要跟

Camper 产品的颜色完全一样，"光是为了调整名片上小标识的色差，就修改了无数次"。在亚敏眼里，没有一件事情是可以马虎的，不论是橱窗摆设的角度，还是灯光的亮度。这些细节无不彰显 Camper 的风格，而这些风格把顾客和 Camper 联结起来，成为一体的 Camper 时尚。

中国自古就有"诚于中而形于外"的说法，这告诉我们，真正的形象借助于修饰和改造来突出你的个人气质，使得他人能够更好、更准确地通过你的外在形象收集有关你的"内在"信息。这种内与外的交融，通过认真、细致的安排，表明了纯粹的立场，这就是时尚。

时尚是充满内心选择和激情的，这一点让我喜欢它。而正是这份内心的选择和激情，让人们可以借由品牌表达自己的立场和喜好。每一种时尚的出现，都是一个品牌引领变化和表达欣喜的时刻，正如苹果 iPad 引领了平板电脑的华丽转型，这一波时尚潮流的出现，已经无法用语言来形容。张爱玲说"对于不会说话的人，衣服是一种暗语，随身带着的一种袖珍戏剧"。脚上的 Camper 鞋传递给我的，是亚敏所传递的时尚认知。因为亚敏，我理解了时尚其实是通过人的外在反映人的内心，是一种属于自己的选择。时尚很宽容，很细腻，它允许你做出取舍；允许你用自己的方式来表达、沟通；允许你设立生存的空间，自由选择属于你的快乐和幸福。只要你愿意，你内心呼唤，你认真、执着地喜好，时尚就是你生活的一部分。借用一句别人说过的话："我们无法预测时尚，但可以创造时尚。"当一系列时尚展示着人们的喜好和选择的时候，品牌作为时尚的表征要素，就嵌入到人们的生活中了。

概念化能力

如果仔细分析那些公认的具有市场竞争力的企业，不难发现，这些企业除了市场规模大、盈利能力强，通常还拥有行业领导者的地位，品牌深入人心。这些企业之所以能成为行业领导者甚至全球企业领袖，是因为它们能引领行业的进步和变化、创造出产业的全新理解和潮流，能超越顾客的期望价值，能发现并创造性地实现顾客价值，能界定和厘清顾客与企业的沟通方式。从领导技能这一角度来说，这些企业具有的其实是概念化能力。

概念化能力就是将复杂问题简单化的能力。2005 年我卸任六和总裁，回归研究与教学岗位时，有一位记者在采访中问了这样一个问题：教授与总裁这两个身份有什么区别？我的回答是：做教授的时候，一句话变八句话说，而做总裁的时候，八句话变一句话说。研究学者的思维方式是穷尽所有要素，找到要素之间的关联，并力图把这些关联整理清楚，从而获得完整的、体系性的认识和结论。而管理实践强调复杂问题简单化，需要管理者具有概念化能力，具有从纷繁的影响因素中找到关键因素的能力，具有通过对关键因素的把握和解决来提升整体竞争力的能力。

概念化能力也是领先品牌的核心要素。一直以来，很多管理者希望借鉴先进的企业经验，把它们的管理体系复制过来，但是，这样的努力往往没有带来实质上的效果，原因是这些管理者只了解优秀企业的体系，却不了解这些企业管理中的关键要素，也就是核心概念。很多企业不断地学习和分析西南航空的案例，却不了解西南航空之所以能凭借着总成本领先战略持续成功，是因为它有一个核心概念，即"尽可能最少地占用顾客的时间"，而中国大部分企业遵循的是成本战略，核心概念是不同的。中国企业的成本优势来源于劳动力、土地资源、政策和原材料，西南航空的成本优势来源于时间效率，时间效率是乘坐飞机的顾客最看重的价值诉求。当西南航空能够满足顾客的这个价值诉求时，其品牌就根植于顾客心中了。

品牌需要深入人心。当说到一个品类，人们会立刻想到一个品牌时，就说明这个品牌真正深入人心了。这样的品牌不多，波司登可以算得上一个，一说到羽绒服，很多人都会想到波司登。这种成就离不开这家企业自 1976 年创立以来的持久专注，但更值得一提的是，这个品牌在专注于羽绒服的同时不断赋予羽绒服新的概念，比如首创"风衣羽绒服"和力推"轻便羽绒服"，并且延续注重羽绒服品质的精神，努力用产品把概念做实。这样做的意义在于引领行业的时尚，为行业发展寻找空间。

这个案例也许会使一些传统企业尤其是行业中的领先企业得到启发，让它们认识到概念化能力的重要性。比如，顾客选择羽绒服会有各种各样的原因，但也有不愿选择的各种痛点，比如衣服穿在身上会显笨重、收纳时会占空间、没有多少场景可以穿，等等，这就形成了复杂因素。但如果化繁为简，也许抓准"轻便"这一个关键顾客价值就能让诸多难题迎刃而解。

这和西南航空的概念化能力实际上是相通的。顾客总是想鱼和熊掌兼得，其需求不容易满足，品牌应该把这一点当作产生创造力的机会。顾客需求的复杂性是品牌概念创作或概念灵感的来源。飞机在诸多交通工具中是较快的，但乘客还希望过程少折腾一点，西南航空由此创造了时间效率的概念，在"点对点"直航上下功夫。羽绒服也是一样的，其在诸多保暖服装中是较为保暖的，但消费者还希望保暖的同时再轻薄一点儿、时尚一点儿，这种顾客的"不满足"激发出了"风衣羽绒服"和"轻便羽绒服"的概念。因为这些概念来源于顾客价值，因此相对容易与顾客达成共识。

　　管理的关键之一就是达成共识，如我们在前文中所说，共识的基础是拥有对概念的明确理解，这需要将复杂问题简单化的能力。正如赫伯特·西蒙（Herbert Simon）所说："管理理论的首要任务，就是要建立一系列概念，让人们能用这些与该理论相关的术语来描述管理状况。"[⊖]在大部分情况下，人们会在管理领域探讨概念化的问题，在此我借用概念化来表达企业与顾客达成共识的基础和条件。那些获得顾客认同的企业的概念化能力一定是卓越的，比如麦当劳以"我就喜欢"、京东以"不负每一份热爱"等清晰的概念非常容易地引发了顾客内心的共鸣，从而使其认同企业的品牌。

　　⊖　西蒙. 管理行为［M］. 詹正茂，译. 北京：机械工业出版社，2007.

在被重新创造的商业世界里，谁会被抛弃

人们散居在世界各地，尽管大家早已以"世界公民"自居，但过去只是彼此听闻，生活从不交错，即使对工作在同一个全球化公司里的人来说，十多个小时的长途飞行也在提醒着他们世界是有距离的。但是现在，网络硬件公司疯狂搭建通信系统，软件公司紧锣密鼓地经营视频平台，它们让人们可以互相看见，一起工作，并窥探彼此的生活。

这个世界在变得可视的同时有了复制品。旧世界正在加速碎片化，而"你"却在另一个世界里参与创建一个新的社会——在网络游戏里，与现实生活平行的另一个世界正在形成。这里拥有一个奉行自由和平等、低税赋、最大

限度地鼓励创新的社会，蓬勃的商业正在兴起，政府尚未成形。商业世界被整体移植到另一个虚拟天地，自动循着人类社会的历史足迹前行。

与此同时，旧世界也在向新的疆域拓展。乔布斯将人类的生活压缩进小巧的平板电脑，布兰森开始了将普罗大众送入太空的征途，印度人米塔尔正在成为产业遍布所有大陆、更加全球化的钢铁巨头。人们甚至怀疑世界是否会变得只有两张电信网、两间股票交易所、两所钢铁企业、两个操作系统？在这个日趋平坦、透明和可视的商业世界里，新创的商业将随处可见，采用创新战术的小企业的创立者们正在全方位地包抄这个同时进行着寡头化和多极化的商业世界。须臾之间，更多巨像拔地而起。

历史似乎正进行着一次有趣的轮回。五百多年前，哥伦布使用简陋至极的导航技术穿越海平面，并安全返航，他虽不像麦哲伦那样以一次航行证实地球是圆的，却也以切身行动证明了世界不是平的。他在茫茫大海中折腾了 71 个昼夜，一直到 1492 年 10 月 3 日凌晨才发现第一块陆地。哥伦布深信他脚下所踩的正是印度，而实际上，那是后来被命名为"美洲"（America）的崭新大陆。

几个世纪后，美国最受欢迎的专栏作家托马斯·弗里德曼（Thomas Friedman）进行了另一次目的地为印度的旅行，当然，他光顾的是真正的印度。他将自己比作现代版的哥伦布，但得出了与哥伦布截然相反的结论。在将近

500 页的著作中，他竭尽全力地证明"世界是平的"。[⊖]印度之旅使他发现，这里的人在顶尖学府里接受教育之后，已经掌握了当今最先进的科学技术。世界仿佛骤然变平，透过那些印度工程师面前光滑如砥的液晶屏幕，鼠标点击之间，已经能够轻易调动遍布世界的产业链。全球化不可阻挡，美国的工人、财务人员、工程师和程序员现在必须与远在中国和印度的那些同样优秀的劳动力协同作战……商业世界的边界正在消失，交流正在变得扁平化。

随着全球化体系的逐渐建立，政治、文化、科技、金融、国家安全和生态发展这六种要素推动着整个世界变得更加平坦。在当下的信息与知识时代，由于技术更新极其迅速，平坦意味着更多的开放、更多的生机，同时也意味着更多的风险。

在这个时代，越来越多的传统工业企业陷入痛苦的境地。许多传统的、符合工业时代"好产品"要素要求（比如功能齐全、价格公道、品质优秀等）的商品，消费者却不买账。消费者可选择的产品太多了，这使他们对某些需求产生了不可思议的特别关注，比如，他们会为产品的个性化需求付出巨大代价。在市场竞争中，由顾客个性需求决定的小规模、多品种、柔性化的产品设计已远远胜出。

一些新兴企业战胜传统企业意味着企业规模与盈利能

<hr>

⊖ 弗里德曼. 世界是平的：21 世纪简史［M］. 何帆，肖莹莹，郝正非，译. 长沙：湖南科学技术出版社，2006.

力不再正相关，传统的"规模决定效益"的工业企业管理逻辑正在被颠覆，工业时代盛行的规范化、模式化生产开始向柔性化、个性化设计转变。

与此同时，在信息技术、生物技术、新材料技术、新能源技术、空间技术和海洋技术等新兴技术的推动下，企业创造价值的活动领域大大扩大，能推动物质文明和精神文明发展的产品得到广泛发展。

因此，我们必须面对的一个事实是：我们面前的这个新世界意味着，一个不同于企业产品制造的新时代正在出现。

得益于技术，人们获取资讯和了解世界的方式越来越多，阅读以及创新的方式也发生了很大的改变。正如很多评论所说的那样，这些一定会改变传统的传媒产业，也会令人与世界的沟通变得更多元、更丰富、更复杂。我们应该像可口可乐、苹果一样主动拥抱创新，认识到这些变化，并欣赏和利用这些变化，使我们想要传达的信息更有影响力。

这就要求企业明白，今天的消费者掌控着他们"需要什么"以及"什么时候需要"。以前，顾客想看电视节目，只能看企业设计的电视节目。但是现在，顾客在任何地方、任何时候，都可以看到自己想看的电视节目。因此，今天的企业需要改变自己的角色，主动和顾客互动，寻找与顾客之间的共鸣，了解什么方式是顾客习惯的、渴望的，了解怎样设计一个与顾客交流的平台，并形成社会化的网络。

技术让一切皆有可能，也让人们拥有新的感受和机会，而这些新的感受和机会又会推动技术的进一步创新。

不论环境如何变化，企业自身的发展都是不能停滞的，面对这样复杂的挑战与机遇，企业需要在多个方面做出努力和改变，具体表现在以下四个方面。

1. 可持续性的安排

改革开放之初的 30 年，因为外部环境和自身能力的提升，很多企业的增长成为一个可持续的事实。人们习惯于用增长来表现持续性，事实上也的确是增长拉动了持续性。因为习惯了增长，一些管理者把增长与持续性等同起来，却没有为企业的持续性奠定基础。

其实，一家企业的持续性主要来源于三个基本层面。第一，企业的商业模式符合顾客的期望。也就是说，企业对顾客的理解、成本构成的合理性、供应链管理、盈利模式，以及竞争力的可持续性安排，都能够获得顾客的认同。第二，超越自我的能力。企业能不断调整自身以适应环境的变化，而不是紧抱着自己的优势不放。在大部分情况下，企业的优势是随着时间的变化而调整的，如果不能与时俱进，曾经的优势很可能成为企业发展的障碍。第三，与环境互动的能力。社会化与互动是目前环境的基本特征，这要求企业具有与环境互动的能力，能借助环境获得持续性。因此，增长并不是持续性的根本原因，只是企业的一个阶段性特征而已，企业管理者需要了解一点：保持可持续性要求企业自己具备一些基本的能力。

2.夯实企业基础

当外部环境多变和不确定的时候，企业自身的能力尤为重要。在这样的情况下，企业之间比拼的不再是谁具有竞争优势，而是谁具有不犯错或者少犯错的能力。这一方面是因为市场不再给犯错企业新机会，另一方面是因为资源和时间不允许企业犯错。因此，企业需要夯实自己的基础，减少犯错的机会。

一个强基础的企业会在三个方面展现出能力：计划管理、流程管理和组织管理。因此，企业需要了解目标与资源之间的关系，以确保计划管理能很好地整合并有效运用资源以达成目标。企业需要发挥流程的效率，帮助企业成员做出有效的判断与快速的决策，保障每一个业务事项都能获得相应的支持从而顺利开展。企业还需要借助组织系统的能力，把责任与权力组合起来，让组织能真正与战略匹配起来，确保战略转化为企业实际的竞争能力和经营成果。

这也许就是人们平常所说的企业内功，我也倾向于用企业内功来表达企业需要夯实的基础。我要再次强调，企业内功需要呈现在计划管理、流程管理和组织管理的有效性上。

3. 持续的创新与创业

创新与创业是我进行了很多思考的话题，相信大家都很熟悉创新与创业的基本内涵。所谓创新，就是将远见、知识和冒险精神转化为财富。所谓创业，就是把创新放在一个组织中。我之所以重复这两个词的内在含义，是想要表达这样一个想法：面对不确定性，持续地创新与创业是一个非常有效的、必要的途径。观察那些卓越企业，我们一定会看到这些企业在创新与创业方面的努力和成效。在任何环境下、在任何时代里，只要企业能持续地创新与创业，就一定会取得令人意想不到的成功。具有持续创新与创业能力的企业，是不会受环境约束的。

4. 回归经营的基本层面

企业经营的基本层面是由四个要素构成的，它们分别是：顾客价值、成本、规模、盈利。当企业管理者围绕着这四个基本要素开展工作的时候，即使外部环境提供的机会不够充足，持续的顾客价值实现、有竞争力的合理成本、有效的规模以及深具人性关怀的盈利也能保证企业超越环境，获得市场的认可，从而获得自己的持续性和发展。

可持续性的安排、夯实企业基础、持续的创新与创业和回归经营的基本层面，在这四个方面的努力，能帮助处在今天这种复杂与不确定环境下的企业迎接挑战，拥抱变化。

回顾过去短短十几年的时间，我们会看到很多曾经的行业巨头无法延续自己的风光，比如柯达、黑莓、索尼、松下等，但与之相反的是，海尔、苹果、微软等却一直在增长，为什么？导致企业失去辉煌的，一定不是市场，而是企业故步自封，自我陶醉，看不到危机。使企业创造奇迹的，也一定不是市场，而是企业持续超越自我，不断转型调整，时时保持高度的危机意识。转型对今天的企业而言是如此重要，企业如果不愿意为转型付出极大的努力和倾注足够的热情，就会被淘汰。

陈春花管理经典

关于中国企业成长的学问

春暖花开系列

书名	ISBN	定价
让心淡然（珍藏版）	978-7-111-54744-0	59.00
在苍茫中点灯（珍藏版）	978-7-111-54712-9	39.00
手比头高（珍藏版）	978-7-111-54697-9	39.00
让心安住（珍藏版）	978-7-111-54672-6	49.00
高效能青年人的七项修炼	978-7-111-54566-8	39.00
大学的意义	978-7-111-54020-5	39.00
掬水月在手	978-7-111-54760-0	39.00
波尔多之夏	978-7-111-55699-2	49.00
让心单纯	978-7-111-62826-2	69.00
带妈妈去旅游（珍藏版）	978-7-111-62099-0	69.00